ULLSTEIN

Die Autorin

Phyllis Krystal wurde in England geboren und studierte Religionswissenschaften und Psychologie. 1937 zog sie nach Los Angeles, wo sie eine Ausbildung in Jungianischer Analyse erhielt. In ihren Büchern verbindet sie auf faszinierende Weise uralte esoterische Erfahrungen und moderne Tiefenpsychologie. Phyllis Krystal ist einem weltweiten Publikum durch ihre Seminare und Workshops vertraut, die sie auch in Deutschland regelmäßig veranstaltet. Weitere Informationen erhalten Sie unter www.krystal.cnchost.com, für Veranstaltungen in Deutschland bei magass@t-online.de.

Von der Autorin sind in unserem Hause erschienen:

Die inneren Fesseln sprengen
Die Fesseln des Karma sprengen
Die Liebesenergie freisetzen
Frei von Angst und Ablehnung

Phyllis Krystal

Die Liebesenergie freisetzen

Hören Sie auf Ihr Herz

Aus dem Englischen
von Ingrid von Eyb

Ullstein

Besuchen Sie uns im Internet:
www.ullstein-taschenbuch.de

Ullstein Esoterik
Herausgegeben von Michael Görden

Aus dem Englischen von Ingrid von Eyb
Titel der Originalausgabe
RECONNECTING THE LOVE ENERGY
Erschienen bei Samuel Weiser, Inc., Main, USA

Umwelthinweis:
Dieses Buch wurde auf chlor- und säurefreiem Papier gedruckt.

Ullstein ist ein Verlag der Ullstein Buchverlage GmbH, Berlin.
Neuausgabe
1. Auflage Dezember 2004

Umschlaggestaltung: FranklDesign, München
Titelabbildung: www.vietmeier.com
Gesetzt aus der Bauer Bodoni
Druck und Bindearbeiten: Ebner & Spiegel, Ulm
Printed in Germany
ISBN 3-548-74195-9

Inhaltsverzeichnis

Teil II
Der Herz-Bypass in öffentlichen Einrichtungen

Ich widme dieses Buch Sri Sathya Sai Baba,
dessen Herz vor Liebe zu allen Wesen überfließt.

Danksagung

Zuerst möchte ich Sri Sathya Sai Baba aufrichtig danken, denn ohne seine Liebe und Ermutigung hätte ich niemals versucht zu schreiben. Ich danke ihm auch dafür, dass er mir den Herz-Bypass zeigte, mein Herz öffnete und mich lehrte, dadurch anderen Menschen die universale Liebe zufließen zu lassen.

Zu großem Dank bin ich auch Peggy Lenney verpflichtet. Mit unermüdlicher Begeisterung hat sie stets geduldig nicht nur dieses, sondern auch meine vorherigen Manuskripte immer wieder abgetippt. Ebenso bin ich meiner Assistentin Susan Leh für ihre unschätzbare Unterstützung dankbar, die sie diesem Buch und auch meinem täglichen Leben entgegenbrachte, so dass ich meine Zeit dem Schreiben widmen konnte.

Ich danke all denen, die mit der Veröffentlichung dieses Buches zu tun hatten. Nur mit ihrer Hilfe konnte ich es Baba zu seinem 70. Geburtstag vorlegen, so wie er es gewünscht hatte. Mein besonderer Dank aber gilt Betty Lundsted für ihr Interesse und ihren Zuspruch.

Nicht zuletzt möchte ich meinem verstorbenen Ehemann Sidney für seine Unterstützung während der vielen Jahre danken; sie ermöglichte es mir, so produktiv zu sein.

Liebe

Liebe bedeutet Loslassen,
nicht Festhalten.
Liebe bedeutet, jeden zu lieben
und nicht nur einige.

Liebe bedeutet kundzutun,
was wahre Liebe bewirken kann,
indem sie Freude bringt für viele
und nicht nur einem oder zweien.

Vorwort

Obwohl ich es damals noch nicht im Leisesten ahnte, wurde mir das Grundthema dieses Buches vor vielen Jahren in einer *Rêverie* bzw. einem Wachtraum gegeben. Ich arbeitete mit einem Partner zusammen und bat die jedem Menschen innewohnende Weisheit oder das Höhere Bewusstsein um Rat. Normalerweise erhielt ich bei dieser Arbeitsweise Einblicke in die Vielschichtigkeit der Probleme, die entweder mich oder andere betrafen, damit ich anderen Arbeitsmethoden zur Selbsthilfe anbieten konnte. Als ich die Augen schloss und um Führung bitten wollte, erschien diesmal Sai Baba vor meinem inneren Auge. Seine Gegenwart empfand ich als ebenso wirklich wie in Indien, wenn ich seiner physischen Gestalt nahe bin. Und seine Stimme klang ebenso vertraut in meinem inneren Ohr wie all jenen, die seine Vorträge entweder im Ashram, auf Platten, Videobändern oder in einem Interview hören.

Er schien mich, selbstverständlich nur in Gedanken, zu bitten, ihm zu folgen, und sagte, er wolle mir den »wahren Herz-Bypass« zeigen. Ich nahm an, dass er mich eine neue Heiltechnik lehren wollte, aber, wie sich herausstellte, war das überhaupt nicht der Fall. Als ich ihm geistig folgte, schienen wir hoch über die Erde aufzusteigen. Baba deutete auf eine riesengroße menschliche Gestalt, die über den Planeten gestülpt zu sein schien. Sie erinnerte mich an die Diagramme des entpersönlichten Körpers, wie er in Yoga-Büchern anzutreffen ist. Er war weder männlich noch weiblich und die Chakras waren klar als Lichträder an den ihnen zugeordneten Stellen markiert. Ich nahm zuerst an, Baba wollte mir zeigen, dass die Erde als menschliche Gestalt symbolisiert werden könne, als Makrokosmos im Verhältnis zum Mikrokosmos, den unsere Körper darstellen. Bald aber stellte ich fest, dass dies nicht sein einziger Beweggrund war, denn er fuhr in seiner Rede, die ich innerlich aufnahm, genauso schnell fort, wie ich ihn im Ashram sprechen hörte. Als ich aufmerksam in mich hineinhörte, hatte ich großes Verständnis für seine Dolmetscher, denen es oft schwer fällt, mit seinem Redefluss Schritt zu halten; besonders wenn er bereits einen neuen Gedankengang beginnt, noch ehe sie Zeit hatten, die vorangegangenen Sätze zu übersetzen. Es bedarf ihrer äußersten Konzentration, ebenso wie meiner, wenn ich seine inneren Reden empfange.

Er deutete auf die Chakras und wies darauf hin, dass sie alle durch eine Art Lichtbahnen miteinander verbunden sind, ausgenommen die Bahnen, die zum Herzen führen. Diejenigen, die er mir zeigte, waren entweder völlig abgeschnitten oder teilweise blockiert, so dass das Herz-Chakra von den anderen Chakras fast isoliert war. Dies erinnerte mich an verstopfte Arterien, die das physische Herz umgeben und durch einen medizinischen Herz-Bypass wieder durchgängig gemacht werden müssen.

Sehr ernst und eindringlich erklärte er, dass dies dem wahren Herz-Bypass auf weltlicher Ebene entspräche, und dass sich derselbe Zustand auf der individuellen oder persönlichen Ebene bei den meisten Menschen wieder fände, die sowohl das Herz als auch echte Fürsorge ablehnen. Diese graphische Darstellung berührte mich tief, und ich war den Tränen nahe, denn ich wusste nur zu gut, wie zutreffend sie war. Ja, wir haben die Verbindung zu unserem Herzen abgeschnitten, oder wie Baba es ausdrückt, wir haben »unser Herz umgangen« (by-passed the heart).

Dann umriss er, weit in die Vergangenheit zurückgehend, die einzelnen Schritte, die allmählich zu dieser Situation geführt haben. Er erklärte, dass anfänglich allen bewusst war, dass Frauen menschliches Leben, Kinder, gebären. Sie schlossen daraus, dass der Große Schöpfer, oder Gott, in der Gestalt einer Frau verehrt werden müsste. Ich dachte an die symbolischen kleinen antiken Statuen, die bei den verschiedenen Ausgrabungen alter Kulturen entdeckt wurden und die Fruchtbarkeitsgöttinnen darstellten; mit ihren vorstehenden Bäuchen ähnelten sie schwangeren Frauen, die kurz vor der Geburt eines Kindes standen. In jener Frühzeit, so erklärte Baba weiter, waren sich die Menschen der männlichen Rolle, Leben zu zeugen, noch nicht bewusst, und aus diesem Grunde wurden Fruchtbarkeitsgöttinnen als Symbol

Gottes, des Großen Schöpfers, verehrt. Später, als kriegerische Stämme einfielen und die meist ländliche Bevölkerung eroberten, brachten sie die Auffassung mit, dass Gott ziemlich stark sein müsse, um ihnen dabei zu helfen, die Feinde zu besiegen, und so verehrten sie eine starke, männliche Gestalt.

Die Männer verschiedener Stämme bekämpften sich gegenseitig und jagten wilde Tiere, um ihre Familien zu ernähren. Während die Männer diesen offensichtlich herzlosen Beschäftigungen nachgingen, bewahrten die Frauen ihr offenes und tatkräftiges Herz, schenkten Kindern das Leben und zogen sie auf. So konnten sie die fürsorglichen Fähigkeiten ihrer Männer wieder entfachen, wenn sie nach dem Kampf oder der Jagd zur Familie zurückkehrten.

In Zeiten, in denen die Männer immer mächtiger und kriegerischer wurden, wurden die Frauen schrittweise und unerbittlich gezwungen, immer untergeordnetere Stellungen im Stamm einzunehmen. Sie wurden zu Wesen degradiert, die von den Männern besessen und beherrscht wurden; sie wurden als deren Eigentum, als Sexobjekt oder Gebärmaschine, behandelt, so wie andere Besitztümer des Mannes. Sie wurden wie die Tiere als Packesel benutzt. Unter diesen unglücklichen Bedingungen lösten die Frauen die Bindung an ihr Herz und ihre Gefühle, denn das Fühlen wurde zu schmerzhaft. So entwickelte sich der universelle Bypass ständig und unbarmherzig weiter und wirkte weltweit während der kommenden Jahrhunderte fort.

In jüngster Vergangenheit begannen einige tapfere und selbstbewusstere Frauen sich gegen diese Deklassierung zu zweit- oder drittrangigen Bürgern, oder sogar noch schlimmer, zu wehren. Sie versuchten der Lage Herr zu werden und ahmten die Männer nach; sie benutzten hauptsächlich ihren Verstand und missachteten ihr Herz und ihre Gefühle. Auf diese Weise förderten sie die Weiterentwicklung des Herz-Bypasses, anstatt das Ungleichgewicht in ihnen selbst und in ihrer täglichen Arbeit zu heilen.

Baba erklärte weiter, dass das Gleichgewicht der Welt durch die Reaktivierung des Herzens wiederhergestellt werden müsse und dass nur der einzelne Mensch diese Veränderung in der Welt bewirken könne. Frauen, die von Natur aus die Hüterinnen der Herzensenergie sind, müssten als erste ihr eigenes Herz wieder öffnen, denn nur so könnten sie die Männer dazu veranlassen, sich auch wieder mit ihrem Herzen zu verbinden.

Als Baba die notwendigen Maßnahmen aufzeigte, die unternommen werden müssten, um diese traurige Situation zu korrigieren, schien dies ein kaum zu bewältigendes Unterfangen zu sein. Aber genau aus diesem Grunde ist er hier und hat menschliche Gestalt angenommen, so wie andere Avatare es vor ihm zu Zeiten taten, wenn die Welt einen ebenso kritischen Punkt der Lieblosigkeit erreicht hatte, wie es heute der Fall ist.

Doch selbst ein Avatar kann keine noch so notwendigen Veränderungen in einem luftleeren Raum bewirken. Denn wir, die Menschen, die über viele Jahrhunderte periodisch als verschiedene Persönlichkeiten zu verschiedenen Zeiten auf der Welt gelebt haben, haben zu dieser gegenwärtigen Situation beigetragen. Wir müssen daher so schnell wie möglich die Verantwortung für den Heilungsprozess übernehmen, wenn Katastrophen vermieden werden sollen. Der Zeitfaktor ist wichtig, wenn wir diese Zivilisation vor dem Untergang retten wollen. Unser Unvermögen, dieses alarmierende Ungleichgewicht zu erkennen, das sich aus dem universellen Mangel an Anteilnahme und Fürsorge entwickelt hat, könnte eine weltweite Katastrophe auslösen.

Als sich mir dieser Überblick über die gegenwärtige Situation so drastisch offenbarte, war ich tief betroffen, denn instinktiv wusste ich, wie beängstigend zutreffend er war.

Mir war auf einer bestimmten Ebene meines Seins bewusst, dass sich mir diese Vision deshalb offenbarte, weil auch ich zur Lösung einiger Probleme beitragen sollte, um diesen weit verbreiteten Notstand heilen zu helfen. Ich muss allerdings zugeben, dass ich damals nicht einen Gedanken daran verschwendete, nochmals ein Buch zu schreiben, und schon gar nicht dieses. Ich hätte mich dieser Idee auch widersetzt. Denn angesichts meines Alters und der vielen Reiseverpflichtungen anlässlich der Seminare, die ich über mein Buch *Die inneren Fesseln sprengen* halte, und meiner Reden auf Sai-Konferenzen und in den ständig wachsenden

Zentren hätte dies eine für mich kaum zu bewältigende Aufgabe bedeutet. Erst jetzt, einige Jahre später, erhielt ich von Baba die definitive Anweisung, dieses Buch zu schreiben.

Einige Jahre nach dieser Vision kündigte Baba während eines Gruppen- Interviews plötzlich an: »Mrs Krystal schreibt ein weiteres Buch.« Ich dachte auch damals nicht im Entferntesten daran, ein Buch zu schreiben. Das Buch, auf das er sich bezog, war *Taming our monkey mind (Die Zähmung unseres Verstandes)*, und ganz ohne Zweifel hatte er vorausgesehen, dass es vor diesem geschrieben werden musste. Heute weiß ich, dass es diesem Buch voranzugehen hatte, denn die Energie des Herzens kann nur zurückgewonnen werden, wenn wir nicht mehr von unseren Wünschen und unseren rastlosen Gedanken beherrscht werden, die uns daran hindern, anderen Menschen unsere Fürsorge zu schenken.

Das Buch *Die Zähmung unseres Verstandes* wurde veröffentlicht und Baba vorgelegt. Ich fragte damals wie immer, wann ich wieder zurückkommen sollte. Er lächelte geheimnisvoll und sagte: »Kommen Sie nächstes Jahr zu meiner 70. Geburtstagsfeier wieder und bringen Sie bei dieser Gelegenheit das neue Buch mit.« Während er sprach, rieb er sich mit der Hand die Brust, und so fragte ich ihn, ob es sich um den Herz-Bypass handelte. Mit einem breiten Lächeln sagte er: »Ja, ich bin sehr glücklich.« Sein 70. Geburtstag war nur fünfzehn Monate später, und es war durchaus nicht viel Zeit, um ein Buch zu schreiben und es auch zu veröffentlichen.

Auf meinen Reisen ist mir sehr bewusst geworden, dass sich die Lage der Welt ständig verschlechtert. Es ist daher dringend erforderlich, alles in unserer Macht Stehende zu tun, um eine Veränderung herbeizuführen. Zuerst aber müssen wir bei uns selbst anfangen und dann erst können andere Menschen erreicht werden und sich ändern, und irgendwann auch die Welt.

Baba hat mir die Wirkung des Herz-Bypasses sowohl in Bezug auf die Welt als auch auf den einzelnen Menschen gezeigt. Ich erkannte, dass die Demütigung der Frauen ebenso eine Unterdrückung des Weiblichen in uns allen, sowohl in Männern als auch in Frauen, bedingt. Die Erde ist die Universale Mutter, die alle lebenden Wesen ernährt, und auch sie leidet unter dieser Missachtung. Durch die Zurückweisung des Herzens und unsere Unfähigkeit zur Fürsorge und Anteilnahme wird auch die Erde entwürdigt.

Das Gleichgewicht von Yin und Yang, um chinesische Terminologie zu gebrauchen, ist gemäß den alten Lehren für alle Bereiche des Lebens unentbehrlich und nicht zuletzt auch für das menschliche Wesen. Gegenwärtig aber ist das Gleichgewicht in erschreckender Weise gestört. Diese beiden starken, entgegengesetzten Pole – Yin als der negative, aufnahmefähige, nährende Pol und Yang, der positive, dogmatische und handelnde Pol – sind gleichermaßen für jede Art von Kreativität oder Handeln wichtig. Wird die Erde erniedrigt und verstümmelt, so wird die Sonne, die Yang symbolisiert, auf allen Ebenen zu vorherrschend und trocknet das Wasser der Emotionen aus.

»Wie oben, so unten« oder: Wie im Makrokosmos, so im Mikrokosmos. Verlieren in der Welt die beiden großen Kräfte der positiven und der negativen Energie ihren natürlichen, wechselseitigen Rhythmus, so geht dieser Rhythmus auch im menschlichen Wesen verloren, das sich durch sein physisches Geschlecht in Yin und Yang unterscheidet. Aber jeder von uns hat sowohl Yin- als auch Yang-Aspekte in sich – oder Herz und Verstand. Diese beiden Aspekte entsprechen auf der Ebene des Mikrokosmos den Eltern, auf der Ebene des Makrokosmos der Mutter Erde und dem Sonnenvater. Erniedrigen wir Yin (oder den weiblichen Aspekt) und betonen wir Yang (den männlichen Aspekt), dann tragen wir nicht nur zu unserer persönlichen Unausgewogenheit bei, sondern auch zu derjenigen der Welt.

Viele Menschen haben das Gefühl, als Individuum zu schwach und zu ineffektiv zu sein, um der Welt helfen zu können, denn jedwede Hilfe wäre nur wie ein Tropfen im Ozean. Die Summe vieler Tropfen aber ergäbe eine gewaltige Kraft. Aus diesem Grunde trägt jeder Einzelne von uns gleichermaßen die Verantwortung, das Ungleichgewicht zwischen diesen beiden großen Kräften auszugleichen und diese Spaltung heilen zu helfen.

Worauf warten wir? Erwarten wir, dass andere den Heilungsprozess in Gang setzen, damit wir auf den bereits fahrenden Zug aufzuspringen können? In dem Moment aber, wenn wir uns entscheiden aufzuspringen, könnte der Zug bereits zu schnell fahren, um uns mitzunehmen, und wir bleiben zurück. Wir glauben dann, äußere Umstände hätten dies veranlasst, und wir beklagen unser Unglück oder Schicksal. Unser Unglück aber haben wir dank unseres Zögerns, unserer Zaghaftigkeit und Feigheit, durch unsere eigene Faulheit und vor allem unsere Selbstbezogenheit selbst verursacht, indem wir von anderen erwarteten, das zu tun, was wir selbst hätten tun sollen. Jeder Einzelne von uns ist für den Heilungsprozess mitverantwortlich, denn jeder Einzelne von uns hat zu diesem Problem beigetragen.

Durch meine langjährige Arbeit wurde mir erst kürzlich wieder klar bewusst, welch wichtige Rolle einzelne, engagierte Menschen spielen, denn oft höre ich die verzweifelte Klage eines Menschen, der sich unfähig fühlt, etwas zu verändern. Diese Einstellung ist besonders unter jungen Menschen weit verbreitet und bezieht sich nicht nur auf ein einzelnes Land. Überall auf der Welt treffe ich diese Haltung an.

Oft werde ich gebeten, vor Jugendlichen oder jungen Erwachsenen zu sprechen. Ich tue dies gern, denn es freut mich, junge Menschen aus den verschiedenen Teilen der Welt zu treffen. Gerade sie sind so wichtig, denn sie sind die Zukunft eines jeden Landes und werden sein Schicksal bestimmen.

Mich beeindruckte, dass alle Jugendlichen dieselben Fragen und Klagen bewegen. Ihre häufigste Feststellung ist, dass sie sich über ihre Eltern ärgern, weil sie den gegenwärtigen Zustand der Welt verursacht haben, deren Erbe sie antreten. Da ich stets in mir, bei meinem wahren Selbst, die Antwort auf Fragen suche und nicht bei meinem Verstand, hörte ich in mich hinein, um eine Antwort auf diese landläufige Klage zu finden. Mir war durchaus klar, dass ich eine Lösung finden müsste, die nicht nur diese *besondere* Gruppe befriedigen würde, sondern auch richtungsweisend die Lage verbesserte, über die sie so besorgt war. Die Antwort, die ich erhielt, erstaunte mich. Der Gedanke, der mir unverzüglich in den Sinn kam, war, dass jeder heute lebende Mensch, einschließlich aller Kinder und Jugendlichen, gleichermaßen für den Zustand der Welt verantwortlich ist. Denn jeder von uns hat in den zahlreichen, vorangegangenen Leben über viele Jahrhunderte hinweg dazu beigetragen, negative Gedankenformen mit so viel Energie aufzuladen, dass sie jetzt die Welt und jeden von uns beherrschen. Es liegt also in unserer Verantwortung, in der Verantwortung junger und alter Menschen gleichermaßen, alles in unserer Macht Stehende zu tun, um diese Situation wieder rückgängig zu machen, die wir alle durch vergangene Gedanken, Gefühle, Worte und Taten verursacht haben. Die Verantwortung liegt genau da, wo sie hingehört: bei jedem lebenden Menschen auf diesem Planeten. Es ist zwecklos und eine überflüssige Energievergeudung, andere für diesen Zustand verantwortlich zu machen, den wir alle gemeinsam herbeigeführt haben.

Wo sollten wir also beginnen? Wir brauchen nicht in die Welt hinauszueilen und große Herausforderungen auf uns zu nehmen. Wenn wir unser eigenes Leben verändern, wird dies die Wirkung eines Hefestückchens haben, das einen großen Teig aufgehen lässt, aus dem ein Laib Brot gebacken werden kann. Durch unser Beispiel können wir das Bewusstsein der Menschen erweitern, mit denen wir täglich zusammenkommen. Die Art, wie wir unser Leben gestalten, kann anderen zeigen, wie auch sie ihren Beitrag leisten können, um die Weltsituation zu verbessern, anstatt sich faul zurückzulehnen und auf andere zu warten, die das Schicksal für sie ändern.

Wir können einzeln oder in Gruppen arbeiten, um die notwendigen Veränderungen zu bewirken. Aus diesem Grunde sollten wir die vielfältigen Tätigkeitsgebiete der Menschen genau untersuchen und auch unsere verschiedenen zwischenmenschlichen Beziehungen. Diese sorgfältige Prüfung kann uns zeigen, auf welchen Gebieten wir gegenwärtig unser »Herz« vernachlässigen und der »Kopf« zu dominant wurde.

Dieses Buch ist ein Hilferuf an alle, die sich mit aufrichtigem Herzen dem Dienst am Nächsten widmen, sei es auf individueller oder einer umfassenderen Ebene. Es bedarf des Einsatzes so vieler Menschen wie nur irgend möglich, die bereit sind, diesen gegenwärtigen, zerstörerischen Trend umzukehren, indem das Herz seinen rechten Platz wiedererlangt, so dass es sich mit seiner Energie vereinen kann.

Es gibt nur einen Königsweg
auf der spirituellen Reise – Liebe.

Baba

Teil I

Der Herz-Bypass in zwischenmenschlichen Beziehungen

KAPITEL 1

Herz-Bypass – was ist damit gemeint?

Um die Bedeutung des Wortes »Herz-Bypass«, wie es in diesem Buch gebraucht wird, zu klären, muss zuerst die Bedeutung des Wortes »Herz« überprüft und definiert werden. Nach Websters Lexikon ist »das menschliche Herz der Sitz der Gefühle, der Persönlichkeit und der Eigenschaften; der Ort des sittlichen Verhaltens der menschlichen Natur im Gegensatz zum Intellekt, entsprechend, ›er war nur Kopf und nicht Herz‹«.[1] Denken wir an das Wort Herz oder hören wir es, fallen uns verschiedene Eigenschaften ein wie Gefühl, Mitleid, Einfühlungsvermögen und Liebe, wohingegen Denken, Logik, Planen, Organisieren und der Intellekt mit dem Gehirn in Verbindung gebracht werden.

Das Herz wurde mit dem Begriff Liebe gleichgesetzt. So beschreibt beispielsweise die Wendung »er oder sie hat kein Herz« einen Menschen, der unfähig ist, Liebe zu zeigen. Sagt man jedoch von einem Menschen: »Er hat ein Herz aus Gold«, erachtet man ihn als einen sehr liebevollen Menschen. Wir bezeichnen sogar den Menschen, den wir lieben, als »Sweetheart«.

Jedes Jahr wird der St.-Valentins-Tag als der Tag gefeiert, an dem wir Liebe schenken und empfangen. Der Brauch, an diesem Tag Karten zu verschicken, ist besonders bei jungen Menschen sehr beliebt. Auf den meisten Karten ist, zusammen mit Liebesgrüßen und manchmal auch Liebesgedichten, ein großes, rotes Herz gezeichnet. Leider sind viele Karten äußerst sentimental und zuckersüß. Sie drücken eher ein künstliches Gefühl als wahre Liebe aus.

Fährt man heute auf der Autobahn, sieht man oft Aufkleber mit Botschaften wie »Ich liebe Tiere« oder »Ich liebe Skifahren« oder »Ich liebe Gold« usw. Das Wort »Liebe« wird durch ein großes

---

1 *Webster's New Twentieth Century Dictionary*, 2. Auflage

Herz symbolisiert, denn Herz und Liebe sind in den Köpfen vieler Menschen miteinander verbunden.

Sprechen wir hier also vom Herz-Bypass, so bedeutet dies, dass das Gefühl, das mit dem Wort Herz verbunden ist, die Liebe, abgetrennt oder umgangen wurde; sie kann nicht ausgedrückt werden.

Wir wären gut beraten, unser Verhalten dahin gehend zu überprüfen, ob wir anderen Menschen gegenüber liebenswürdig, herzlich, fürsorglich oder sogar höflich sind. Unser Leben ist manchmal durch mechanische Tätigkeiten derart überlastet, dass die von Herzen kommende Liebenswürdigkeit verdrängt wurde.

Unerwartete Liebenswürdigkeit und Rücksichtnahme können eine weitaus größere Wirkung haben, als wir uns vorzustellen imstande sind. Sie können eine Kettenreaktion auslösen. Denn die Menschen, die liebenswürdig und rücksichtsvoll behandelt wurden, werden ihrerseits dieses Verhalten an ihre Mitmenschen weitergeben, denen sie täglich begegnen. Durch unsere Aufmerksamkeit öffnen sich vielleicht die Herzen anderer Menschen und sie werden eher geneigt sein, ebenfalls ihre Mitmenschen anzulächeln, ein freundliches Wort für sie zu haben oder ihnen zu helfen.

KAPITEL 2

Was ist Liebe?

Da der Herz-Bypass anzeigt, dass das Gefühl – Liebe genannt – in irgendeiner Weise blockiert ist, sollte auch das Wort »Liebe« definiert werden, damit wir uns darüber klar werden, was eigentlich umgangen wird. Um die wahre Bedeutung des Wortes bestimmen zu können, ist es einfacher festzustellen, was Liebe nicht ist. Wir versuchen deshalb einige falsche Begriffe zu untersuchen, die diesem so sehr missbrauchten Wort zugeschrieben werden.

Sai Baba sagt, menschliche Liebe sei meistens selbstbezogen und einengend, während die Liebe, die er für alle empfindet, uneigennützig und expansiv sei. Es scheint tatsächlich der Fall zu sein, dass das Motiv der menschlichen Liebe größtenteils eigennützig ist: »Was springt für mich dabei heraus? Wie fühle ich mich? Wie werde ich belohnt, wenn ich diese Person liebe? Wie kann ich diese Person ändern, damit meine Bedürfnisse und Wünsche erfüllt werden? Welche Wirkung hat eine Beziehung mit diesem Menschen auf mein Image? Was muss ich tun oder sagen, damit diese Person mich liebt?«

Viele Menschen, besonders Männer, machen materielle Geschenke, anstatt wahre Liebe zu schenken. Sie stellen Sex und Liebe auf dieselbe Stufe. Beides aber ist nicht wahre Liebe, die von Herzen kommt. Die Tendenz, das Herz zu umgehen, stammt häufig aus traumatischen Kindheitserfahrungen und beinhaltet Gefühle, die mit unglücklichen Ereignissen zusammenhängen, wie beispielsweise der Tod eines nahe stehenden Menschen – eines Elternteils, Geschwisters oder Freundes. Viele Kinder verschließen ihr Herz, wenn sich herausstellt, dass Gefühle mit Schmerzen verbunden sind.

Ist ein Elternteil gestorben oder verlässt die Familie, dann versucht oft der verbleibende Elternteil, den Verlust auszugleichen. Er versucht, beides zugleich für die Kinder zu sein, Vater und Mutter. Dies führt oft zu einer zu besitzergreifenden oder erdrückenden Beziehung, die dann problematisch werden kann, wenn Kinder den Eindruck haben, dass Liebe Machtausübung bedeutet und nicht echte Fürsorge. Wurde Liebe derart verworren erlebt, kann oft nur ein traumatisches Ereignis oder irgendeine Art von Machtausübung irgendwelche Gefühle hervorrufen. Gleichzeitig besteht das Bedürfnis, negative Gefühle, die Schmerzen verursachen, auszuschalten. Das Ergebnis davon ist eine gefühlsmäßige Lähmung, weder echte Traurigkeit noch wahres Glücksempfinden können ausgedrückt werden. Daraus ergibt sich häufig ein Minderwertigkeitsgefühl, das sich entweder durch Gefühle der Unterlegenheit ausdrückt oder durch das Gegenteil – durch eine Haltung der Überheblichkeit. Beide Reaktionen betreffen das Selbstbild des Menschen und keine Liebe kann groß genug sein, um dieses tiefe Bedürfnis nach Liebe zu befriedigen. Manche Menschen werden absolute Erfolgsmenschen, die ihre Bestätigung entweder im intellektuellen Erfolg suchen oder im sportlichen Heldenmut, um zu beweisen, dass sie gleichwertig oder besser sind als diejenigen, die ihnen die emotionale Unterstützung versagten.

Die Menschen verarbeiten mangelndes Selbstwertgefühl recht unterschiedlich. Manche können in tiefe Depressionen fallen oder aggressiv, gewalttätig oder selbstzerstörerisch werden oder sie stellen verzweifelte und unverhältnismäßige Anforderungen an Liebe und Zuneigung. Andere wiederum übernehmen die Verhaltensmuster ihrer Eltern und werden ihrerseits unfähig, Liebe auszudrücken. Sie ahmen das negative Verhalten nach, dem sie als Kind ausgesetzt waren. Auf diese Weise setzt eine Kettenreaktion ein, die sich bis in die Unendlichkeit fortsetzen wird.

Die oben angeführten Beispiele weisen auf Selbstsucht und den übersteigerten Wunsch hin, andere Menschen zu besitzen, so als ob Menschen Besitz wären. Dieses Besitzdenken gründet auf den Fragen: »Was will ich? Was ist gut für mich?« oder »Was wird meine Wünsche befriedigen?«, ohne dass man sich um das Wohlergehen seiner so genannten Lieben kümmert.

Manche beteuern einem anderen Menschen ihre Liebe, um einen Diener zu haben, der ihre Befehle gehorsam befolgt und sie mit allem versorgt. Männer und auch Frauen gehen oft aus diesem Beweggrund eine Beziehung ein.

Eine Frau hält Ausschau nach einem erfolgreichen Mann, der ihr Sicherheit und gesellschaftlichen Status bietet; Besitz, den sie sich ersehnt, Auslandsreisen, die sie aufregend findet, eine gute Erziehung für die Kinder, die sie eventuell bekommen werden, und zusätzlich soll er sie noch mit Liebe und Zuneigung überschütten. Sollte irgendeine dieser erhofften Erwartungen nicht eintreffen, ist sie bitter enttäuscht, und nicht selten wird sie sich einen anderen Mann suchen, von dem sie sich die Erfüllung ihrer Forderungen erhofft.

Ein Mann hält Ausschau nach einer attraktiven Frau mit einer ansprechenden Persönlichkeit, die sein eigenes Image besser zur Geltung bringt, besonders in Bezug auf seine Karriere oder seinen Beruf. Sie sollte eine gute Gastgeberin sein, eine gute Mutter ihrer gemeinsamen Kinder, aber wiederum nicht nur gut, denn sie sollte sexuell stets verfügbar sein und trotzdem nicht zu viel von seiner Zeit und Aufmerksamkeit beanspruchen.

Wie aber passen die Bedürfnisse des Partners in eine derartige Schablone? Und, was noch wichtiger ist, haben diese Schablonen irgendetwas mit Liebe zu tun? Liebe bedeutet, Liebe und Zuneigung zu schenken und nicht zu wollen und zu fordern. Wann immer wir glauben, irgendetwas oder irgendjemanden zu unserem Glück oder unserer Zufriedenheit zu brauchen, werden wir augenblicklich zum Sklaven dieser Person, dieses Gegenstandes, des Ortes oder der Idee.

Viele Beziehungen erlauben den Partnern nicht, ihre Persönlichkeit frei auszudrücken oder ihrem Wesen entsprechend zu leben. Derartige Beziehungen bedürfen eines Partners, der die Befehle des anderen ausführt.

Dann gibt es noch jene Art von Liebe, die eigentlich einer Besessenheit oder Sucht gleicht und wenig mit wahrer Liebe zu tun hat. Sie gründet auf einem übersteigerten Verlangen nach Befriedigung durch den anderen Partner. Eine Entwöhnung ist ebenso schwer wie von jeder anderen Sucht.

Heiratsschwindler geben vor, ihr erwähltes Opfer zu lieben.

Oft halten sie Ausschau nach älteren Witwen, die anfällig für ihre Liebesbeteuerungen sind und diese mit echten Gefühlen verwechseln. Die ahnungslosen Frauen sind dann völlig am Boden zerstört, wenn sie von ihren Rittern in glänzender Rüstung verlassen werden und mit ihm ihr Geld, ihre Juwelen und andere wertvolle Gegenstände verschwinden, die der Anlass der Liebesbeziehung waren.

Aber nicht nur Männer benehmen sich derart hinterhältig und verletzend, auch Frauen sind Heiratsschwindler und nutzen einen ahnungslosen Mann aus nach dem Motto: »Sie nehmen ihn um den Preis, den er wert ist«.

Vorgetäuschte Liebe aus dem verhohlenen Motiv heraus, sein eigenes Haus auf emotionale und finanzielle Kosten eines anderen zu bestellen, hat nichts mit Liebe zu tun. Es ist Eigennutz in höchst grausamem Maße.

Baba sagt, dass ein Großteil der empfundenen Liebe sinnliche Lust ist und mit wahrer Liebe überhaupt nichts gemeinsam hat. Sinnliche Begierde ist ein ungezügeltes Verlangen nach etwas oder jemandem. Sie ist ein ins Hemmungslose gesteigerter Wunsch. Liebe bedeutet Loslassen und Fließenlassen, wohingegen Begierde Festhalten und rücksichtsloses Zupacken bedeutet.

Ich erinnere mich, als ich einmal mit meinem Mann in Indien war und Baba uns einlud, abends am Bhajan-Singen seiner Schüler teilzunehmen. Zwischendurch hielt er kurze Vorträge und erzählte Geschichten. An diesem Abend veranschaulichte er den Begriff der Begierde: Er demonstrierte, wie ein Schüler möglicherweise einen saftigen Apfel entdeckt, ihn sich schnappt und ihn sofort mit unverhohlenem Appetit gierig zu verschlingen beginnt, bis er ganz aufgegessen ist. Dies, so Baba, sei ein Beispiel für Gier. Durch die Begierde des Menschen wird auch die Frucht begehrlich, sie gerät in Wallung, erregt und vergiftet sich, anstatt rein zu bleiben und dem Gleichmut zu dienen, wie es der natürlichen Eigenschaft des Apfels entspräche. Anstatt eingemittet bei uns selbst zu bleiben, beugen wir uns zu weit vor für die Erfüllung eines Wunsches und verlieren das Gleichgewicht. Dies trifft ebenso für das Verlangen nach einem Menschen zu. Körperliches Verlangen ist nicht Liebe, sondern die Entschlossenheit, einen Menschen zu besitzen und ihn dem eigenen Willen zu unterwerfen.

Sexuelle Begierde ist körperlicher Hunger, der einem physischen Trieb entspringt, der darauf ausgerichtet ist, die Sinne zu befriedigen. Dies ist in höchstem Maße eigennützig, denn die Wünsche und Bedürfnisse des anderen werden missachtet. Diese sexuelle Begierde scheint beim Mann leichter hervorzubrechen, und wenn sie nicht unter Kontrolle bleibt, kann sie zu extremen Gewalttaten führen, wie Kindesmissbrauch, Vergewaltigung und schwerer Körperverletzung, bis hin zum Mord.

Durch groß angelegte Medienkampagnen wurden wir auf sexuelle Belästigung und Vergewaltigung aufmerksam gemacht. Die Medien wiederum sind aber auch mitverantwortlich dafür, Lust und Begierde durch die verschiedenen Formen der ausgestrahlten Pornographie geweckt und daraus Kapital geschlagen zu haben, denn sie stellen Menschen als Sexobjekte und nicht als liebende menschliche Wesen dar.

Lust und Begierde führen unmittelbar zum Herz-Bypass, denn sie beziehen sich ausschließlich auf den physischen Körper und seinen Hunger und umgehen Liebe, Zuneigung, Freundlichkeit und Rücksichtnahme auf den Partner. Das Herz des sexuellen Aggressors ist gegenüber den Empfindungen des Opfers ebenso verschlossen wie das Herz des Opfers, das sich vor diesem Angriff schützen will.

KAPITEL 3

Lieben lernen

Als ich mir Gedanken darüber machte, wie und wo der Anfang zu machen sei, um den globalen Herz-Bypass zu heilen, erkannte ich, dass er einen so gravierenden Einfluss hat, dass eigentlich jeder Aspekt des menschlichen Lebens untersucht werden müsste. Diese Studie muss demzufolge auch unseren Mangel an wahren Gefühlen einschließen und seine Auswirkung auf unser tägliches Leben.

Zu leben bedeutet, Beziehungen einzugehen, sei es mit Menschen, Gegenständen, Orten, Erinnerungen, Erfahrungen oder Gewohnheiten. Wir können nicht in einem luftleeren Raum leben, selbst wenn wir bemüht sind, unsere Beziehungen und Bindungen auf ein bloßes Minimum zu reduzieren. Selbst in Einzelhaft oder während der Übungen sensorischer Deprivation geht der Betroffene eine Beziehung zum Gefängniswärter oder dem Helfer ein, zu der Zelle oder dem Raum, in dem er oder sie eingeschlossen ist. Er lebt in Beziehung mit jeder Facette der täglichen Erfahrungen und den daraus resultierenden Reaktionen.

Viktor Frankl schreibt in seinem Buch »*... trotzdem Ja zum Leben sagen*«[2], dass er während seiner Inhaftierung in einem Konzentrationslager der Nazis erkannte, dass ihm nur eine Freiheit geblieben war, nämlich die Freiheit seiner persönlichen Einstellung gegenüber allen dortigen Geschehnissen und auch gegenüber den Aufsehern und Mitgefangenen.

Er bewies durch seine eigene, persönliche Erfahrung, dass wir alle die freie Wahl haben, wie wir auf äußere Reize reagieren, sowohl auf Vorkommnisse als auch auf die verschiedenen Menschen, mit denen wir in Beziehung stehen.

Durch die Wachtraum-Methode hat uns das Höhere Bewusst-

---

2 Viktor E. Frankl, »*... trotzdem Ja zum Leben sagen*«, dtv, 18. Auflage, München 1999

sein gelehrt, dass wir durch jeden und alles in unserem Leben die Gelegenheit erhalten zu lernen. Wenn wir bereit sind, nicht das Leben, das Schicksal, Gott oder andere Menschen für unsere Probleme verantwortlich zu machen, und wenn wir uns fragen, was jeder Mensch oder jede Erfahrung uns lehren kann, können wir aus den täglichen Herausforderungen lernen. Es ist unsere ganz persönliche Wahl, die uns angebotenen Lehren anzunehmen oder sie abzulehnen und Unmut aufzubauen. Es ist unsere persönliche Entscheidung, kritisch und abwertend zu sein oder liebend und verständnisvoll. Viele Menschen sind sich dieser eigenen Entscheidungsfreiheit überhaupt nicht bewusst. Wird sie aber verstanden und täglich umgesetzt, macht sie frei.

Viele Menschen fragen mich immer wieder, wie sie ihr Herz der Liebe öffnen und lernen könnten, liebevoller zu werden. Sie wissen nicht, wie es geht, denn sie haben von ihren Eltern keine Liebe erfahren.

Ihnen wurde weder beigebracht, Liebe zu empfangen, noch, Liebe auszudrücken.

Die Jungen aller Spezies lernen durch das Nachahmen der Verhaltensweisen ihrer Eltern. Menschenkinder haben eine zusätzliche Fähigkeit, die den anderen Geschöpfen fehlt: Sie können ihre Reaktionen auf äußere Reize selbst bestimmen. Wenn Kinder beobachten, dass das Verhalten ihrer Eltern eine positive Wirkung hat, werden sie es nachahmen. Ist das Gegenteil der Fall, werden sie offen oder innerlich dagegen rebellieren. Diese frühkindlichen Reaktionen können ihr Verhalten im Erwachsenenalter bestimmen, und oft ist es auch so.

Wurden Kinder von ihren Eltern liebevoll umsorgt, dann haben sie aus dieser frühen, positiven Erfahrung gelernt, Liebe zu empfangen, und können somit auch lernen, Liebe zu schenken. Auf diese Weise ist ein Verhaltensmuster in der Kindheit angelegt worden, das bis ins Erwachsenenalter hineinreicht und sich auch auf die verschiedenen zukünftigen Beziehungen auswirken wird.

Leider fehlt vielen Kindern diese frühzeitige Konditionierung; sie wachsen gefühlsmäßig verkrüppelt in das Erwachsenenalter hinein, unfähig, Liebe zu geben und zu erhalten. Aber niemand muss für immer in diesem Zustand gefangen bleiben. Mir wurde auf ganz unerwartete und dramatische Weise ein Heilmittel veranschaulicht, als ich vor vielen Jahren mit meinem Mann von Bombay nach London flog und das Flugzeug gekidnappt wurde.

Wir erfuhren erst sehr viel später, dass zwei Palästinenser in Beirut an Bord gegangen waren, als das Flugzeug einen kurzen Zwischenstopp zum Auftanken gemacht hatte. Sie hatten das Versorgungspersonal bestochen, als es die Verpflegung lieferte, und hatten Gewehre und Munition in einem der Essenscontainer versteckt und unter die für sie reservierten Plätze gelegt.

Selbstverständlich waren weder die Passagiere noch die Besatzungsmitglieder darüber informiert. Kurz nachdem das Essen serviert worden war und die Tabletts wieder weggeräumt wurden, betraten die Palästinenser das Cockpit und brachten das Flugzeug in ihre Gewalt. Einer von ihnen blieb beim Copiloten, um von nun an den Flug zu überwachen, während der Pilot und alle Erste-Klasse-Passagiere aufgefordert wurden, in die Touristenklasse überzuwechseln, wo auch wir saßen. Als sie an uns vorübergingen, fragte mein Mann den Piloten, was los sei. Er antwortete düster, wir würden es bald erfahren. Als alle saßen, erschienen die beiden sehr wild aussehenden Männer und fragten, ob einer der Passagiere Arabisch und Englisch spräche. Ein Mann hob die Hand und übersetzte in holpriges Englisch, was ihm auf Arabisch gesagt wurde. Er berichtete, dass das Flugzeug gekidnappt worden sei, dass niemand sich bewegen oder sprechen dürfe, und falls jemand auf die Toilette müsste, hätte eines der Besatzungsmitglieder denjenigen zu begleiten.

Dann sammelten sie alle Pässe, Handtaschen und das Handgepäck ein. Sie durchblätterten die Pässe, leerten den Inhalt der Handtaschen aus, füllten sie mit Dynamit und platzierten sie vor den Toiletten und an anderen strategischen Punkten des Flugzeuges, um sie gegebenenfalls anzuzünden.

Während sich all dies ereignete, wandte ich mich sofort an Baba und bat um Hilfe. Ich wiederholte seinen Namen und richtete meine Bitten in den Raum des Hauses, in dem er weilte, als wir ihn erst kurz zuvor in Bombay verlassen hatten.

Als ich mit meinen stillen Hilferufen fortfuhr, hörte ich seine Stimme in mir, die mir sagte, ich solle den Kidnappern Liebe senden. Als ich jedoch in ihre frohlockenden Gesichter schaute und sah, wie sie sich offensichtlich hämisch über den Terror, den sie verbreiteten, freuten, antwortete ich im Geiste: »Ich kann nicht.« Sofort kam mir aber ein anderer Gedanke in den Sinn: »Ich kann ihnen keine Liebe senden, aber du, denn du bist der Einzige, der in jedem Menschen das Göttliche Selbst sieht, sogar in Menschen wie diesen beiden. Du kannst sie lieben, ich nicht. Wenn du mir deine Liebe schickst, bin ich gerne bereit, sie an die Kidnapper weiterzuleiten.«

Ich begann, Babas Liebe konzentriert einzuatmen und sie diesen beiden Furcht erregenden Männern weiterzuleiten. Ich konnte direkt spüren, wie sie in mich hineinfloss. Nein, ich persönlich konnte sie nicht lieben und außerdem wäre meine begrenzte persönliche Liebe niemals so effektiv und stark wie Babas Liebe gewesen.

Tief beeindruckt stellte ich fest, wie sie sichtlich immer nervöser wurden. Einer von ihnen zerbrach Alkohol- und Parfumflaschen aus dem Duty-free-Laden und verschüttete ihren Inhalt auf dem Gang, um das Flugzeug leichter anzünden zu können. Als ich ihm weiterhin Babas Liebe übermittelte, fingen seine Hände so stark an zu zittern, dass er sich mit dem zerbrochenen Glas in die Hand schnitt und gezwungen war aufzuhören, um seine Hand mit einem Taschentuch zu verbinden.

Als wir später im selben Jahr wieder in den Ashram zurückkehrten, versicherte mir Baba, dass das ganze Flugzeug mit seiner Liebe erfüllt war und so alle Passagiere gerettet wurden.

Ganz abgesehen von meiner großen Erleichterung, noch einmal davongekommen zu sein, hatte diese Erfahrung noch eine andere, viel wichtigere Bedeutung. Sie hat die ungeheure Kraft der Liebe veranschaulicht und mir gezeigt, dass ich mich wegen meines Mangels an Liebe nicht hilflos zu fühlen brauchte, solange ich nur bereit war, um diese weitaus mächtigere, mannigfaltigere Liebe zu bitten und sie durch mich fließen zu lassen.

Eine Möglichkeit, das Herz zu reaktivieren, ist, diese kraftvolle

Energie einzuatmen und all denen zu übermitteln, die sie brauchen. Diese Übung kann allein durchgeführt werden, ist aber in einer Gruppe effektiver, und vor allem dann, wenn das Symbol des Maibaumes benutzt wird, um jeden Teilnehmer mit Gott in uns oder dem Höheren Bewusstsein zu verbinden. Diese kleine Übung dauert nur wenige Minuten und hilft jedem, der zu lernen bereit ist, Liebe zu empfangen und sie dann weiterzugeben. Sie hilft auch den Menschen, die sich dieser Liebe unwürdig erachten oder sich selbst so negativ empfinden, dass sie glauben, diese Liebe verschließt sich ihnen. Anleitungen hierfür finden sich in dem Arbeitsbuch *Die inneren Fesseln sprengen,* das im Econ Taschenbuch Verlag erschienen ist.

KAPITEL 4

Jeder von uns ist drei Menschen

Jedem von uns wurde die Möglichkeit der Wahl gegeben und dieses Privileg können wir entweder dazu nutzen, geduldig die Schichten abzutragen, die das Licht in jedem von uns verdunkeln, oder immer weitere Schichten hinzuzufügen, bis dieses Licht vor uns selbst und anderen Menschen fast völlig verdeckt ist.

Baba behauptet, dass jeder Einzelne von uns im gegenwärtigen Bewusstseinszustand aus drei Personen besteht. Die Person, die wir am besten kennen und mit der wir uns aus diesem Grund auch identifizieren, ist die bewusste Wahrnehmung unseres physischen Körpers, das Ego, das Gehirn mit all den darin wie in einem Computer gespeicherten Erinnerungen. Teil dieses bewussten Selbst sind auch unsere Wünsche, die mit den fünf Sinnen verbunden sind, ferner unsere Angewohnheiten, unser Verhalten und das seit frühester Kindheit durch Eltern, Familienmitglieder, Lehrer und Freunde eingegebene Programm. Sie alle sind aber nur vorübergehend und zum Gebrauch für unsere tägliche Lebenserfahrung bestimmt; sie können als Lehrer betrachtet werden, die uns helfen, die noch notwendigen Lektionen zu lernen. Dieses kleine, begrenzte Selbst ist aber nicht das wahre Selbst.

Das zweite der drei Selbst, auf die Baba sich bezieht, ist das, wie andere Menschen uns sehen. Auch dieses Selbst ist nicht wirklich oder gültig. Manche Menschen zeigen sich der Welt gegenüber unerschrocken, was oft nicht ihrem inneren Empfinden entspricht. Ich wurde beispielsweise von anderen und besonders von meiner Mutter als kaltblütig angesehen. Das mochte äußerlich zutreffen, innerlich aber, hinter der falschen Maske, fühlte und sah ich mich ganz anders. Ich fühlte mich meistens sehr eingeschüchtert und äußerst unsicher. Ich wusste nie, welche Worte, Taten oder welches Verhalten sofort die Bestrafung durch meine Mutter nach sich ziehen würde.

Ich habe beobachtet, dass viele Menschen, die sich hochtrabend, selbstsicher oder egoistisch geben, durch dieses falsche Aushängeschild versuchen, andere und sich selbst davon zu überzeugen, doch recht hinlängliche und akzeptable Wesen zu sein. In dem vergeblichen Bemühen, das eigene Gefühl der Unsicherheit und Minderwertigkeit auszugleichen, täuschen einige Menschen ihre Mitmenschen immer wieder erfolgreich mit den gleichen und wiederkehrenden Spielen. Oft scheint der Spruch »Mir scheint, er (oder sie) protestiert zu viel« zuzutreffen, und zwar in ihrem Bemühen, sich von diesen falschen Rollen zu befreien – von der minderwertigen Rolle, mit der sie sich identifizieren, und der zur Schau getragenen, überheblichen Rolle, von der sie wünschen, sie wäre wahr. Aber keine der Rollen, mit der wir uns identifizieren, ist echt oder bleibend. Beide setzen sich nur aus den Schichten zusammen, die sich um das innere Licht des Göttlichen bildeten; nur dieses Licht allein ist wahr und ewig.

Die dritte Person ist das wahre Selbst, sie ist die personifizierte Liebe. Wie kann sie sich aber durch die dicken Schichten des falschen Selbstverständnisses hindurch ausdrücken? Dieser Zustand, der bei einem Großteil der Menschen vorherrscht, wurde mir einmal als Lampe veranschaulicht, die das wahre Selbst symbolisiert. Sie war von einem derart dicken Lampenschirm umgeben, dass ihr Licht gar nicht durchdringen konnte oder im günstigsten Fall unter dem schweren Lampenschirm nur schwach hindurchschimmerte.

Aber auch das Bild einer Zwiebel kann unseren allgemeinen Zustand wiedergeben. Sie besteht aus vielen Häuten oder Schichten, die wir entfernen müssen, damit die Essenz (oder das Licht) sich offenbaren kann. Nur wenn das erreicht ist, werden wir erleuchtet oder verwirklichen unser Selbst. Sein Selbst zu verwirklichen bedeutet, sich wieder mit dem Licht zu vereinen, das wir bereits sind und immer waren, auch wenn wir uns unserer Göttlichkeit nicht bewusst sind.

Der universelle Herz-Bypass, den mir Baba in einer Vision gezeigt hat, bezieht sich in Wirklichkeit auf unsere Blindheit. Diese Blindheit hält uns davon ab, unser wahres Selbst zu akzeptieren und auszudrücken. Wir identifizieren uns stattdessen mit den Masken, die wir irrigerweise als echt und ewig betrachten.

Wenn wir weiterhin so leben, als wären wir getrennt vom Höheren Bewusstsein, werden wir von unserem Herzen abgeschnitten, denn durch das Herz empfangen wir die Liebe aus der inneren Quelle und durch das Herz kann die Liebe zu allen anderen Menschen fließen, ob wir deren äußere Erscheinungsform nun lieben oder nicht. Auch sie identifizieren sich mit ihrer fehlerhaften Persönlichkeit, aber tief in ihrem Inneren ist derselbe göttliche Funke, der erreicht und durch unseren inneren Funken wieder entfacht werden kann, so wie viele Kerzen von einer einzigen brennenden Kerze angezündet werden können.

Um den Herz-Bypass wieder aufzuheben, müssen wir unser wahres Selbst erkennen und akzeptieren. Wir müssen sein Instrument werden, durch das Es Kontakt mit derselben Wirklichkeit anderer Menschen aufnehmen kann. Auf dieser Bewusstheitsebene sind wir mit dem Höheren Bewusstsein und folglich mit allen anderen Menschen eins. Nur die äußeren Schichten trennen uns von unserem wahren Selbst und unseren Mitmenschen.

Das Herz zu umgehen bedeutet gleichzeitig, getrennt vom Höheren Bewusstsein zu leben. Unsere eigentliche Essenz ist nur ein kleiner Teil der gesamten Energie (oder Bewusstheit), die manche Gott nennen. Diese innere Essenz – die das einzig Wahre eines jeden Menschen ist – ist wahre Liebe. Wenn sie aus dem tiefen Inneren eines jeden Menschen hinaus zu allen lebenden Geschöpfen fließen darf, ohne Ausnahme, Vorurteil und Vorlieben, verwirklicht sie ihre Natur.

Da die meisten Menschen sich völlig im Unklaren über ihre wahre Identität sind oder bestenfalls nur teilweise Kontakt zu ihr haben, ist die Fähigkeit, Liebe auszudrücken, blockiert. Zurückweisung oder Unkenntnis sind die Gründe des persönlichen Herz-Bypasses, der wiederum den universellen oder weltweiten Herz-Bypass verursacht. Der einzige Weg, diesen universellen Zustand zu korrigieren, ist daher, die notwendige Umkehr zunächst in uns selbst zu vollziehen. Multipliziert sie sich dann mit einer zunehmenden Zahl von Menschen, wäre die so dringend notwendige Vereinigung mit der Energie des Herzens wieder möglich.

Jeder Einzelne von uns ist für den herzlosen Zustand der Welt verantwortlich. Wir alle haben durch unseren eigenen Mangel an Anteilnahme und Fürsorge nicht nur in diesem Leben zu dieser Situation beigetragen, sondern auch in den vielen vorangegangenen, und ernten nun das Resultat unserer vergangenen Gedanken, Gefühle, Worte und Taten. Die Folge dieses Mangels an wahren Gefühlen ist beängstigend und überall erkennbar. Da uns die Medien äußerst nüchtern über den aktuellen Zustand der Welt berichten, sind wir über einen nahenden universellen Zusammenbruch bestens unterrichtet.

Um diesem beängstigenden Zustand entgegenzuwirken, sollten wir uns nach innen, an unsere innere Quelle, wenden, die uns mit allem versorgt, und nicht in der äußeren Welt unseren Hunger stillen. Denn »trachtet am ersten nach dem Reich Gottes, und nach seiner Gerechtigkeit. So wird euch solches alles zufallen«[3] beinhaltet prägnant diese Wahrheit.

Mit Hilfe der Rêverie- oder Wachtraumtechnik, die mir vor vielen Jahren auf meiner eigenen Suche nach dem Sinn des Lebens übermittelt wurde, können wir unsere Erwartungen an die äußere, materielle Welt nach innen kehren, zu der verlässlicheren Quelle in uns. Diese Technik ist in meinen Büchern *Frei von Angst und Ablehnung*, *Die inneren Fesseln sprengen* und dem dazugehörigen Arbeitsbuch beschrieben.

---

3 Matthäus 6,33

KAPITEL 5

»Was willst du?«

Baba hat eine Lieblingsfrage, mit der er besonders Neuankömmlinge entweder beim Darshan oder bei einem Interview unmittelbar konfrontiert. »Was möchtest du?«, fragt er und schaut den Befragten durchdringend an, während er gespannt auf eine Antwort wartet. Normalerweise stottert die befragte Person unbeholfen und ist sich nicht sicher, welche Antwort Baba erwartet. Manch einer verkündet selbstzufrieden: »Ich will nur Erleuchtung«, so als ob er von Baba erwartet, er würde irgendetwas wie Erleuchtung materialisieren und ihm in die ausgestreckten Hände legen, gleich den Gegenständen, die Baba ab und zu materialisiert. Aber eine so beeindruckend klingende Antwort erwartet Baba nicht. Ein anderer wird vielleicht ehrlicher und direkter antworten und bittet Baba inständig um einen Ehemann oder eine Ehefrau, um Heilung von Krankheit, ein Baby oder vielleicht sogar um eine berufliche Beförderung. Die gewünschten Gefälligkeiten sind ebenso unterschiedlich wie ihre Bittsteller.

Aber allen Antworten, seien es vergebliche Versuche, Baba zu beeindrucken oder die bezüglich der Erfüllung konkreter Wünsche, liegt unterschwellig eine Sehnsucht zugrunde, aber eine Sehnsucht wonach?

Baba selbst antwortet: »Ich werde dir geben, was du dir wünschst, und hoffe, dass du eines Tages um das bitten wirst, was ich gekommen bin, dir zu geben, nämlich Liebe.«

Jeder Mensch hungert nach Liebe, aber nur wenige haben eine klare Vorstellung von dem, was sie tatsächlich suchen. Für viele ist sie nur eine Illusion, gleich dem flüchtigen blauen Vogel des Glücks, der stets verlockend außerhalb ihrer Reichweite schwebt.

Von der Geburt bis zum Tod fehlt es uns an Liebe, nach der wir uns alle so sehr sehnen und nach der wir unaufhörlich suchen, oft auf sehr seltsame und unbefriedigende Weise.

Alle jungen Lebewesen brauchen Liebe ebenso notwendig wie Nahrung, wenn nicht sogar noch notwendiger, denn Liebe ist eine besondere Nahrung, sie schenkt uns das Wesentliche: Glück und Zufriedenheit.

Mutterliebe ist die erste Liebeserfahrung des Kleinkindes, und es gedeiht nur, wenn die Liebe gemeinsam mit der Nahrung verabreicht wird. Experimente mit Jungtieren haben gezeigt, dass sie sich bei Liebesentzug der Mutter trotz einer ausgewogenen Ernährung nicht voll entwickeln konnten. Es fehlte ihnen an Vertrauen und Unabhängigkeit. Kinder in einem Waisenhaus oder Pflegeheim weisen ähnliche Symptome auf, die ebenfalls auf das Fehlen der Mutterliebe zurückzuführen sind.

Menschen, die als Kind niemals genügend Mutterliebe erfahren haben, werden sich ständig nach dieser Liebe sehnen und sich bemühen, sie von Verwandten, Freunden, Partnern, von ihren eigenen Kindern oder anderen ahnungslosen Menschen zu bekommen. Sie erwarten und fordern von ihren Mitmenschen, dass sie ihre unerwiderten Bedürfnisse erfüllen. Aber immer wieder werden sie enttäuscht, denn je mehr sie fordern, desto weniger sind die anderen geneigt, ihren Forderungen nachzukommen. Die meisten Menschen zögern bereits, materielle Wünsche zu erfüllen, wenn sie erwartet oder eingefordert werden. Sie wollen aus freien Stücken schenken oder auch nicht schenken, wenn ihnen danach ist. Wird ein Geschenk erwartet, schrecken sie oft davor zurück oder geben es nur widerwillig. Sie wollen nicht mit jemandem zusammen sein, der sich wie ein forderndes Kind benimmt, und so werden diese unentwickelten Erwachsenen zurückgestoßen und in ihnen bleibt der sehnliche Wunsch, bemuttert zu werden. Der unbefriedigte Erwachsene wendet sich dann vielleicht anderen Möglichkeiten zu, diese Leere zu füllen: Alkohol, Essen, Sex oder Süßigkeiten, um seinen Schmerz zu versüßen oder sich zu trösten.

Wenn Menschen bedingungslose Liebe erwarten, so belasten sie den Menschen, von dem sie sie erwarten, sehr, denn kein menschliches Wesen kann einem anderen Menschen das geben, was dieser selbst nicht hat. Menschliche Liebe ist selten bedingungslos, sie hat meistens einen Haken. Liebe ist keine Ware, die gekauft und verkauft, gehandelt oder gehortet werden kann. Liebe muss frei fließen dürfen ohne Zwang, erst dann ist es Liebe.

Mit unserer hektischen Suche nach dem, was wir für uns und unser Glück zu brauchen glauben, wollen wir eigentlich anderen Menschen nur zeigen und beweisen, dass wir etwas Besonderes sind und auch wert sind, anerkannt zu werden. Zuerst aber müssen wir an uns selbst glauben. Baba sagt: »Glaube an dich. Wenn du der Welle nicht glaubst, wie kannst du an den Ozean glauben?«

Auf der inneren Ebene ist niemand besser oder schlechter als der andere. Aus der Sicht des Wahren Selbst haben wir alle den gleichen Wert. Der physische Körper und die Persönlichkeit sind nur ein vorübergehender Aufenthaltsort des Wahren Selbst.

Kapitel 6

Warum sind wir hier?

Warum sind wir hier? Seit Jahren wird mir diese Frage gestellt. Das Leben, so wie ich es in den Jahren meines Heranwachsens in England erlebte, schien überhaupt keinen Sinn zu machen. Es gab zu viele Widersprüche. Die Menschen sagten das eine, aber ihre Taten straften ihre Worte oft Lügen, so dass ich nicht wusste, wem ich glauben sollte – den Worten oder den Taten.

Meine Eltern waren aktive Mitglieder der Kirche von England und wir gingen regelmäßig zum Gottesdienst. Jeden Sonntag hielt der Pfarrer eine anregende Predigt und die Kirchengemeinde nahm *en masse* fromme Züge an, so als ob jedem einzelnen Kirchgänger Engelsflügel gewachsen wären. Während der restlichen Tage der Woche jedoch ließen diese vormaligen Engel ihre Maske fallen und ihre gewohnte Persönlichkeit trat wieder hervor. Sie verhielten sich völlig konträr zur Botschaft der Predigt, der sie am Sonntag so aufmerksam zugehört hatten. Besonders aber erstaunte mich ihr negatives Benehmen, das während der kirchlichen Zusammenkünfte und im täglichen Leben hervorbrach. Praktizierten sie wirklich die Lehren Christi?, fragte ich mich oft.

Die nächste Frage, die mich beschäftigte, war die, ob ich selbst die Lehren Christi praktizierte. Bedauerlicherweise musste ich verneinen. Damals, aus der Sicht eines Kindes, entschied ich, dass nur Jesus als Sohn Gottes – wie er von sich sagte – entsprechend seiner eigenen Gebote leben konnte. Aber von mir, die ich nur ein kleines Mädchen war, konnte nicht erwartet werden, so vollkommen wie Jesus zu sein.

Auch die Lehre Jesu, dass Er und Sein Vater eins seien, wurde mir niemals erklärt, und wenn ich nach einer Erklärung zu fragen wagte, wurde mir gesagt, dass dies eines der Mysterien sei und niemals hinterfragt werden dürfe, und schon gar nicht von einem so überheblichen Kind. Niemals wurde mir die Botschaft vermittelt, die Baba und viele andere Weltenlehrer verkünden, dass nämlich jeder Mensch in Wahrheit Gott sei. Es zu wagen, diese Auffassung auch nur auszusprechen, wäre bereits ein Sakrileg gewesen und äußerst streng bestraft worden.

Aus diesem Grunde wandte ich mich, so traurig das auch war, von den Lehren der christlichen Kirche ab. Für mich entsprachen sie nicht der Wahrheit, waren nicht anwendbar und der von den Kirchenmitgliedern praktizierte Glaube erschien mir scheinheilig. Ich war desillusioniert, hilflos und absolut unfähig, nach den Lehren zu leben. Jesus wurde auch folgendermaßen zitiert: »Nicht ich, sondern der Vater in mir tut die Arbeit.« Auch dies wurde mir niemals erklärt.

Die so oft unterdrückte Bedeutung der Lehren besagt, dass wir alle im Kern unseres Seins ebenfalls Gott sind. Durch einen schrittweisen Prozess müssen die falschen Schichten, die die innere Wirklichkeit verdunkeln, allmählich abgetragen werden. Nur so wird das Göttliche Selbst klar sichtbar werden und wie ein Meister der Marionettenspieler freie Hand haben, die Persönlichkeit wie eine Puppe, ein Musikinstrument oder sonstwie zu animieren, wodurch Es sich ausdrücken kann.

Viele Weltenlehrer haben seit Jahrhunderten gelehrt, dass unser wesentliches Sein (oder Essenz) dem Licht oder der Liebe gleicht. Ein bei der Visualisierung oft benutztes Symbol ist die Lampe oder die Kerzenflamme.

Baba sagt uns, dass er Gott sei, aber auch wir müssten anfangen zu erkennen, dass wir ebenfalls Gott sind. Der einzige Unterschied besteht darin, dass er sich seiner wahren Identität voll bewusst ist, während wir vergessen haben, wer wir wirklich sind.

Wenn »Gott« mit Liebe identifiziert wird, was auch unserem wahren Selbst entspricht, warum können wir dann im täglichen Leben Liebe nicht ausdrücken? Warum entstand der Herz-Bypass und wie können wir ihn wieder rückgängig machen?

Wir müssen unser Verhalten ganz genau unter die Lupe nehmen um festzustellen, wie, wann und unter welchen Bedingungen wir unser Herz umgehen und unser Göttliches Selbst ignorieren. Wir sind ganz ohne Zweifel hier auf der Erde, um unsere wahre Identität zu erfahren, und sollten zulassen, dass Es durch uns lebt.

Baba lehrt uns, dass alles, was nicht dieser Wirklichkeit entspricht, überflüssiges Gepäck ist, das wir nicht nur aus vergangenen Leben, sondern auch aus diesem Leben mit uns herumschleppen. Er drückt diesen Gedanken folgendermaßen aus:

»Bist du auf der Reise des Lebens, reduziere das Gepäck, das du mit dir herumträgst. Denke daran, dass alles, was *du* nicht bist, Gepäck ist! Du bist nicht der Körper, also ist der Körper auch ein Gepäckstück.

Das Gemüt, die Sinne, die Intelligenz, die Einbildungen, die Wünsche, die Pläne, die Vorurteile, die Unzufriedenheit, das Leid, sie alle sind Gepäckstücke.

Wirf sie bald über Bord, um leichter, sicherer und bequemer zu reisen. Lerne die Lektion und betrachte die Großen, die alle bescheiden und einfach sind. Sie sind die Älteren, die du bewundern und denen du folgen solltest. Sie beweinst du, wenn sie sterben; andere treiben dir die Tränen in die Augen, wenn du ihnen begegnest! Sie solltest du meiden.«[4]

Das Höhere Bewusstsein ist beständig und unveränderlich. Selbst die verschiedenen Namen, die Es erhält, verändern seine Identität nicht. Die zahlreichen Namen dienen als Symbole und erleichtern es den Menschen, näheren Kontakt mit Ihm aufzunehmen. Das Höhere Bewusstsein wird auch als Christus, Mutter Maria, Buddha, Sai Baba oder durch ein anderes Symbol personifiziert. Der gewählte Name oder die Gestalt macht keinen Unterschied, denn es handelt sich um den inneren Funken, den jeder in sich hat. Er drückt sich als reine Weisheit und Liebe aus, wann immer das Ego mit seinen vielfältigen Wünschen umgangen wird. Könnten doch nur mehr Menschen diese Wahrheit akzeptieren! Wenn wir nur unsere Einstellung ändern könnten, dass nur unsere Art des Glaubens, unsere bevorzugten Namen und Symbole richtig sind, dann herrschte endlich Frieden unter den Völkern der Welt.

Dann würden keine Kriege mehr wegen Recht und Wahrheit, Unglaube und Verdammnis geführt werden.

---

4 Sai Baba Sanathana Sarathi, Juni 1989

Es gibt nur einen Gott, sagt Baba, und Gott ist Liebe – nicht Hass, der so oft von den verschiedenen religiösen Gruppierungen ausgedrückt wird, denn alle glauben, sie allein seien die so genannten Auserwählten. Kleine Kinder wissen, dass das wahr ist. Sie tragen dieses Wissen seit der Geburt her in sich, als sie dem Ursprung noch nahe waren, bis dieses Wissen dann durch andere Einflüsse verloren geht.

Kapitel 7

Die vier Funktionen in Beziehung zum Herz-Bypass

Die vier Funktionen – Intuition, Verstand, Sinneswahrnehmung und Emotion oder Fühlen – bestimmen in großem Maße unser Verhalten, das wiederum unsere zwischenmenschlichen Beziehungen beeinflusst. Die vier Funktionen haben eine doppelte Funktion. Sie ähneln Fenstern, durch die wir die Außenwelt und in ihr alles und jeden betrachten können. Sie sind aber auch Werkzeuge, mit deren Hilfe wir nicht nur das zwischenmenschliche Zusammenleben, sondern auch die unterschiedlichen Lebensumstände sowie Erfahrungen bewerkstelligen können. Diese Funktionen bestimmen entsprechend ihrer Ausprägung unser Handeln, und zwar abhängig davon, wie schwach und wenig bewusst oder wie stark und einsatzbereit sie sind.

Diese Funktionen haben sich über die Jahrhunderte hinweg allmählich parallel zur Evolution entwickelt. Alle Geschöpfe verfügen über Sinneswahrnehmungen; sie sind elementar und für das Überleben und die Fortpflanzung wesentlich. Die fünf Sinne (Sehen, Hören, Riechen, Schmecken und Fühlen) dienen als Führer. Sie warnen alle Geschöpfe vor möglichen Gefahren. Die Augen sehen, ob der einzuschlagende Weg sicher ist und in der Umgebung nichts Bedrohliches erscheint und ob die Tiere oder Menschen, denen sie begegnen, freundlich aussehen. Mit den Augen treffen sie die Wahl, entweder weiterzugehen, wenn das, was sie sehen, freundlich erscheint, oder sich zurückzuziehen, sollte das Gegenteil der Fall sein.

Die Ohren nehmen Geräusche wahr, die als sicher und angenehm beurteilt werden und deshalb erfreulich sind, oder sie warnen vor Gefahr. Ebenso helfen Nase und Zunge bei der Entscheidung, was sicher und angenehm zu essen und zu trinken ist. Außerdem warnt die Nase Tier und Mensch vor dem Herannahen eines Tieres oder eines menschlichen Wesens, so dass wir entscheiden können, entweder weiterzugehen oder vor der herannahenden Gefahr zu fliehen.

Über die Haut mit ihrem Tastsinn erfahren wir, ob es gefahrlos ist, in einer Richtung weiterzugehen, oder ob dort irgendwelche Gefahren lauern, die besser gemieden werden. Der Tastsinn vermittelt uns auch Temperaturveränderungen und Luftdruckschwankungen.

Alle lebenden Wesen lernen durch ihre Sinne, sich der Umgebung anzupassen. Wir brauchen unsere fünf Sinne. Sie sind wichtige Diener, werden aber zu unzulänglichen Meistern, wenn sie von ihrem Wirt beherrscht werden. Gäbe es aber nur die Funktion der Sinneswahrnehmung, würden wir auf der gleichen Ebene wie die Tiere leben, mit denen wir diese Funktion gemeinsam haben.

Die Funktion der Emotion oder des Gefühls ermöglicht Beziehungen der gleichen Art untereinander. Das kann entweder negativ und aggressiv sein oder positiv und akzeptierend. In ihrer elementaren Form wird sie auch mit anderen Spezies geteilt, sie ist aber in erster Linie auf die Familie oder die zugehörige Gruppe beschränkt. Sie drückt sich durch die Pflege der Mutter ihren Jungen gegenüber, während der Paarung und durch Fürsorge und Zärtlichkeit innerhalb der Familie aus. Bei menschlichen Wesen kann die Emotion auch auf andere Menschen außerhalb der unmittelbaren Familie ausgedehnt werden.

Der Verstand oder Intellekt ist die jüngste bewusst gewordene Funktion und blockiert oft die Fähigkeit, Liebe und Fürsorge auszudrücken. Viele Menschen, bei denen der Verstand besonders stark entwickelt ist, versuchen ihre Gefühle und Liebe durch den Intellekt auszudrücken und wundern sich, wenn der Empfänger dies nicht sonderlich schätzt. Niemand kann jedoch dankbar für eine kaltherzige Beteuerung sein, die eigentlich mit Gefühl und Wärme ausgedrückt werden sollte.

Intuition kann uns direkt mit dem Höheren Bewusstsein verbinden und Es bitten, durch uns zu lieben.

Sind bei zwei Partnern eine oder mehrere Funktionen gleich stark ausgeprägt, kommunizieren sie in der Regel einfacher miteinander als Partner, die keine stark ausgeprägten Funktionen gemeinsam haben, denn sie glauben, auf gleicher Wellenlänge zu sein und nicht aneinander vorbeizureden.

Die ungleiche Entwicklung der vier Funktionen und der Mangel an Emotionen und Gefühlen sind die Ursache des Herz-Bypasses.

KAPITEL 8

Persönliche Beziehungen

Viele Menschen sind der Meinung, dass sie automatisch glücklicher wären, wenn sich ihre Lebensbedingungen verbesserten und es weniger schwierige Mitmenschen gäbe.

Wir haben weder das Recht, einen anderen Menschen zu ändern, noch würde es uns gelingen, denn der Schuss ginge buchstäblich nach hinten los. Sicherlich ist es eine äußerst mühsame Angelegenheit zu versuchen, sich selbst zu ändern, aber genau da müssen wir beginnen.

Wenn wir gewillt sind, unser eigenes Verhalten unter die Lupe zu nehmen, und wenn wir anfangen, die notwendigen Veränderungen vorzunehmen, stellen wir oft zu unserer großen Überraschung fest, dass Menschen, die wir bis dahin als schwierig empfanden, auf einmal und ohne ersichtlichen Grund in einem anderen Licht erscheinen. Wir glauben dann, sie hätten sich geändert. In Wirklichkeit aber haben wir größere Klarheit erlangt und können anders mit ihnen umgehen.

Wir alle neigen dazu, auf äußere Reize und Menschen zu reagieren. Was wir aber meistens nicht erkennen, ist, dass die anderen auch gleichzeitig auf uns reagieren. Diese Interaktionen verursachen einen *circulus vitiosus*, einen Teufelskreis. Der einzige Weg, ihn zu durchbrechen, ist, dass ein oder besser beide Partner aufhören zu reagieren. Wir sollten uns zurücknehmen und die Situation betrachten, so dass jeder Partner sich auf sein eigenes Verhalten konzentrieren und überlegen kann, wie er es verbessern könnte.

Viele wünschen sich insgeheim, von anderen akzeptiert zu werden. »Werde ich geliebt?«, fragen wir uns. »Bin ich beliebt? Habe ich viele Freunde?« Wir alle wollen akzeptiert werden, besonders von unseresgleichen. Wir vergessen dabei aber nur allzu leicht, dass unser Verhalten anderen gegenüber auch ihr Verhalten uns gegenüber bestimmt, ob sie uns mögen oder nicht. Wie auch immer wir uns anderen gegenüber verhalten, es fällt unweigerlich, bewusst oder unbewusst, auf uns zurück.

Wir alle gehen in diesem gegenwärtigen Leben und gingen in früheren Inkarnationen wie auch immer geartete Beziehungen mit Menschen ein. Wir alle hatten unzählige unpersönliche Beziehungen. Jede einzelne Beziehung jedoch kann uns irgendetwas über uns selbst und unser Verhältnis zu anderen Menschen lehren. Wenn wir diesen Gedankengang akzeptieren, gewinnen alle Beziehungen an Bedeutung, und wir beginnen zu verstehen, dass es kein Zufall ist, warum bestimmte Menschen in unser Leben treten.

Schaue ich auf mein langes Leben und die verschiedenen Beziehungen zurück, muss ich gestehen, dass gerade die schwierigsten Beziehungen letztendlich am meisten zu meiner persönlichen Entwicklung beigetragen haben.

Meine Mutter ist hierfür ein Paradebeispiel, obwohl ich es damals, unter ihrer strengen Zucht, niemals hätte zugeben können. Selbst heute bin ich noch überrascht, dass ich es aussprechen kann. Denke ich zurück, dann habe ich zumindest zwei wichtige Lektionen gelernt: Erstens lernte ich, wie schmerzhaft Macht sein kann, wenn sie über andere und besonders über ein Kind ausgeübt wird, und zweitens lernte ich, mich in mich zurückzuziehen, um Sicherheit zu finden.

Seit ich mich mit der Wachtraum-Arbeit befasse und etwas über meine vergangenen Leben erfuhr, begann ich zu erkennen, dass ich in meiner Mutter, die eine äußerst herrschsüchtige Person war, einen Aspekt von mir selbst wieder traf. In diesem gegenwärtigen Leben musste ich die Gefühle des Schmerzes und der Ohnmacht erfahren, die ich anderen zuzufügen pflegte. Gibt es einen besseren Weg, diese Lektion zu lernen?

Sai Baba sagte mir einmal in einem Interview, dass ich durch dieses Leben mehr lernen könnte als durch ein Leben als weiser Mensch oder Eremit. Es könnte mich Geduld lehren, Toleranz, Beständigkeit und Nachsicht!

Echte und bedeutungsvolle Beziehungen setzen eine klare und ehrliche Kommunikation voraus, die frei zwischen den Partnern fließt. Im Laufe der Jahre habe ich mit vielen Menschen zusammengearbeitet und festgestellt, dass eine effektive Kommunikation eine der schwierigsten Übungen überhaupt ist, und manche Menschen lernen sie nie.

Es ist beinahe selbstverständlich geworden, auf einer oberflächlichen und seichten Ebene miteinander zu kommunizieren, zwischen der Person, der Maske oder der Rolle, und nicht mit der ganzen Persönlichkeit.

Kapitel 9

Partner

Sai Baba sagt, dass die Wechselwirkung zweier Individuen, die in einer engen, täglichen Beziehung wie der Ehe zusammenleben, dem Zustand zweier rauer Steine entspricht, die sich in einem Gefäß befinden, und dass jeder Stein die raue Oberfläche des anderen durch gegenseitiges Reiben glättet. Dieser Glättungsprozess, so er angenommen wird, gibt jedem Partner die Chance, alte karmische Muster abzuarbeiten und die Lektionen zu lernen, die noch vollendet werden sollten.

Dies ist durchaus keine erfreuliche Situation und viele Menschen ziehen es vor, sich aus dieser Wechselwirkung, wenn sie zu aufreibend wird, zurückzuziehen und einen anderen Partner zu suchen, von dem sie sich ein harmonischeres gemeinsames Leben erhoffen. Dieser Entschluss führt unweigerlich in eine neue Beziehung, die die vorherigen Probleme möglicherweise nicht mit sich bringt, dafür aber eine ganze Reihe neuer Probleme. Entweder müssen andere raue Kanten gegenseitig von neuem abgeschliffen werden, oder sie werden wieder von denselben alten Kanten, denen sie in der vorangegangenen Partnerschaft entfliehen wollten, herausgefordert.

Wird diese Wechselwirkung und die damit verbundene Reibung akzeptiert, kann mit Hilfe des Partners die eigene Entwicklung zu einem reiferen und heilen Menschen schneller voranschreiten und sich auf einer tieferen Ebene vollziehen, als wenn man allein geblieben wäre.

Da diese elementare Verbindung zwischen zwei erwachsenen Menschen direkt auch ihre Kinder und die nachfolgenden Generationen beeinflusst, sollte unbedingt nach der Ursache geforscht werden, warum diese Verbindung so oft auseinander geht.

Baba rät, sich die in jedem Menschen verborgene oder unsichtbare Göttlichkeit vorzustellen, die einer Flamme gleicht und von einer äußeren Hülle verdeckt ist. Diese Hülle setzt sich aus dem Körper mit seinen Sinnen, dem Verstand, den er oft »monkey mind« (rastlose Gedanken) nennt, der Persönlichkeit und dem Ego zusammen. Versuchen wir mit einem Menschen Kontakt aufzunehmen oder eine Beziehung aufzubauen, beurteilen wir normalerweise diesen äußeren, sichtbaren Teil eines Menschen als angenehm oder unangenehm.

Die meisten Menschen sind zu selbstbezogen oder zu beschäftigt, um auch nur für einen Augenblick innezuhalten, um ihre üblichen Maßstäbe zu überdenken oder neu auszurichten, wenn sie Menschen nur nach ihrer äußeren Erscheinung beurteilen. Solange uns das aber nicht gelingt, können wir weder mit unserer eigenen inneren Wirklichkeit noch mit der des anderen Menschen in Kontakt treten.

Leben zwei Menschen zusammen, dann ist ihre gemeinsame Erfahrung, das Göttliche im Anderen zu ehren, besonders wichtig, denn wenn dies nicht gelingt, werden sie bestürzt entdecken, dass sich ihre anfänglich so viel versprechende Beziehung ohne ersichtlichen Grund zu verschlechtern beginnt.

In meinem Buch *Frei von Angst und Ablehnung* empfehle ich die Übung mit dem Dreieck. Sie hilft zwei Menschen, die in enger Beziehung leben, ihren inneren Lehrmeister (oder das Höhere Bewusstsein) um Führung zu bitten. Wie auch an anderen Stellen dieses Buches beschrieben, kann ein Paar nur dann eine enge Beziehung eingehen, wenn sich ihre wirklichen Wesen treffen und sie die mannigfaltigen Rollen ablegen, die sie in den verschiedenen Lebensbereichen spielen. Nur dann kann es heißen: »Dein Wille geschehe, nicht meiner«, wobei sich »Dein« auf das Höhere Bewusstsein in jedem von uns bezieht und nicht, wie allgemein üblich, auf den Willen des einen oder anderen Partners, der darauf besteht, dass sein bzw. ihr Wille befolgt wird. Wenn diese oder eine andere ebenso geeignete Methode angewandt wird, ist eine Lösung aller anfallenden Probleme im beiderseitigen, besten Interesse möglich. Unser Inneres weiß sehr genau, was am besten für uns ist, auch wenn wir nicht immer damit einverstanden sind. Wir alle neigen dazu, selbst am besten wissen zu wollen, was gut für uns ist. Die Erfahrung zeigt jedoch, dass dies oft überhaupt nicht der Wahrheit entspricht, was das bedauerliche Los vieler Menschen zeigt, die gute Absichten haben, aber unfähig sind, kluge Lebensentscheidungen zu treffen.

Eine erfolgreiche Beziehung setzt ein offenes Herz voraus, und das bedeutet, dem Anderen aufmerksam und liebevoll zuzuhören und nicht mit kritischem Verstand.

Gerade heutzutage ist das überaus wichtig, da beide Partner häufig einer Arbeit außer Haus nachgehen müssen, um ihren Lebensstandard aufrechtzuerhalten. Sie sollten dann ihre Rollen, die sie am Arbeitsplatz zu spielen haben, ablegen, sobald sie nach Hause kommen; diese Rollen passen nicht in ihr gemeinsames Leben. Sehr oft höre ich die Klage, dass ein Partner zu Hause die Rolle eines Arztes, Lehrers, Rechtsanwaltes, Schauspielers, Managers oder jede andere Rolle weiterspielt, die ihm der Beruf vorschreibt. Trifft das auf beide Partner zu, dann treten die Rollen miteinander in Beziehung und nicht die Menschen. Es gibt keine gemeinsame Sprache und der Beziehung kann kein Glück beschieden sein.

Aus meiner Erfahrung mit vielen verschiedenen Männern und Frauen unterschiedlicher Herkunft und Nationalität weiß ich, wie gravierend und weit verbreitet das Problem ist, sich nicht mitteilen zu können. Diese akute Unfähigkeit verursacht wiederum Probleme zwischen den einzelnen Gruppierungen, Organisationen und Völkern.

An Diskussionen nehmen oft Menschen teil, die allzu gern nur ihren eigenen Standpunkt darlegen wollen und wenig Interesse zeigen, dem Beitrag eines anderen zuzuhören, und besonders dann nicht, wenn er seiner lieb gewordenen Meinung widerspricht. Oft gleiten Gespräche in einen »Egotrip« ab, wobei der Redner sich an seiner eigenen Stimme erfreut und wenig Rücksicht auf die Zuhörer nimmt. Dies ist ein Beispiel für zu viel Yang- und zu wenig Yin-Energie. Oder anders ausgedrückt, der Redner verwendet mehr Interesse und Energie auf dogmatisches Denken und zu wenig Energie auf rezeptives Zuhören und Fühlen. Reden ist eine Yang- (oder dogmatische) Aktivität und wird normalerweise vom Verstand kontrolliert, während Zuhören Yin (oder rezeptiv) ist und mit dem Herzen verbunden ist.

Dieses Ungleichgewicht ist eine der Hauptursachen für den globalen Herz-Bypass.

Die meisten Menschen können nicht zuhören. Sie konzentrieren sich stattdessen auf das, was sie gerne sagen möchten, und warten ungeduldig auf eine längere Sprechpause, um das Wort ergreifen zu können, ober sie gehen in ihrem Eifer sogar so weit, sich gegenseitig zu unterbrechen.

Dieses Verhaltensmuster gründet sich gewöhnlich auf frühe Erfahrungen mit den Eltern. Viele Kinder und junge Leute, mit denen ich zusammenarbeite, sagen mir tief enttäuscht, dass ihre Eltern ihnen niemals wirklich zugehört haben und dass jede Unterhaltung in der Regel einseitig ist. Die Eltern sagten etwas zu ihnen, anstatt mit ihnen zu sprechen.

Wenn ich in meiner Beratungstätigkeit mit ganzer und ungeteilter Aufmerksamkeit zuhöre, mache ich die Erfahrung, dass die Menschen durch dieses stille Zuhören oft manche Situation oder persönliche Probleme selbst besser beurteilen konnten. Problembeladene und ängstliche Menschen suchen und brauchen einen liebevollen Resonanzboden; ihnen wurde vielleicht niemals still und aufmerksam zugehört. Eine Frau drückte es einmal treffend so aus, dass sie dankbar sei für ein »liebevolles Ohr«.

Kommunikation darf nicht einseitig sein. Wir müssen abwechselnd reden und zuhören. Auf diese Weise trägt jeder Partner zum Ausgleich der Yin- und Yang-Energie bei, der für den allgemeinen Gesundheitszustand so wichtig ist.

Der Gesprächspartner sollte auch so neutral wie möglich zuhören, kritiklos und urteilsfrei. Stets sollte er im Sinn haben, dass nur das Ego verletzt werden kann und nicht das wahre Selbst und dass das Gesagte immer nur die Meinung des Anderen wiedergibt, oder dass es sich um eine Reaktion oder Projektion handelt, die nicht immer der Wahrheit entsprechen muss.

Jeder Partner sollte allerdings für Klagen und Kritik offen sein und überprüfen, ob sie berechtigt sind, persönlich zutreffen, oder ob es sich um Projektionen handelt. Ein solcher Austausch kann sehr nützlich sein, wenn er oder sie darauf aufmerksam gemacht wird, etwas zu ändern oder aufzuarbeiten.

Außerdem sollte der Zuhörer seine eigenen Überzeugungen und Gedanken hintanstellen, um sich wirklich auf das konzentrieren zu können, was der Partner zu sagen hat. Die Versuchung wäre sonst zu groß, nur das zu hören, was den eigenen Ideen entspricht, und alles andere zu verdrängen oder sich erst später damit zu beschäftigen.

Aber trotz dieser Vorschläge haben Paare weiterhin Schwierigkeiten, sich auszutauschen. Das ist besonders dann der Fall, wenn ein Partner gern redet und es dem anderen schwer fällt, sich auszudrücken. Außerdem kann sich der »stille« Partner vom Wortschwall des anderen erdrückt fühlen.

Um die Kommunikation zu erleichtern, hat die katholische Kirche ein Alternativ-Programm ins Leben gerufen. Während eines Wochenendseminars wird den teilnehmenden Paaren vorgeschlagen, in möglichst klaren und einfachen Worten, möglichst ohne den Partner zu kritisieren, all das aufzuschreiben, was sie sich schon immer sagen wollten. Auf diese Weise können sie entspannt ihre Gedanken sammeln und aufschreiben, ohne sich ansehen zu müssen oder sich gegenseitig zu beeinflussen.

Dann werden sie gebeten, das Geschriebene auszutauschen und an einem ruhigen Ort allein durchzulesen.

Eine erfolgreiche Kommunikation sollte zweigleisig erfolgen. Beiden Menschen sollte die Gelegenheit gegeben werden, ihre Gedanken zu einem Thema zu beiderseitigem Nutzen auszutauschen.

Ich glaube, dass Männer hauptsächlich kopfbetont schreiben, da sie eher das Yang-Prinzip verkörpern und ihre Ansichten über Situationen und Beziehungen dogmatisch und sachlich darlegen, während Frauen im Allgemeinen ihre Gefühle ausdrücken, da sie das Yin-Prinzip verkörpern und eher rezeptiv und intuitiv sind. Selbstverständlich gibt es auch Ausnahmen, die aus frühzeitiger Konditionierung herrühren. Eine weitere Ausnahme dieser Regel ist, wenn einer oder beide Partner den ihnen jeweils entgegengesetzten Aspekt entwickelt haben und beide fähig sind, ihre Gefühle und Gedanken auszudrücken. Meist ist dies aber nicht der Fall.

Nur wenn jeder Partner gewillt ist, dem anderen zuzuhören, und auch fähig ist, seine Gedanken und Gefühle auszudrücken, kann ein echter Gedankenaustausch stattfinden. Solange aber Männer nur an das logisch Machbare denken, ohne die Wirkung auf andere einzubeziehen, und Frauen nur mit ihrem Gefühl für das Wohl anderer entscheiden, ohne ein logisches Vorgehen parat zu haben, kann eine Lösung dieses vorherrschenden Problems weder auf persönlicher noch universeller Ebene gefunden werden.

In »gemischten« Zusammenkünften, bei denen Männer und Frauen ihre unterschiedlichen Gesprächstaktiken, Standpunkte und Vorlieben formulieren, werden die Unterschiede schnell deutlich.

Männer ergehen sich meist in einem wahren Wortschwall und meinen irrtümlicherweise, sich zu unterhalten. Wird aber ihre Botschaft vom Zuhörer weder verstanden noch akzeptiert, ist das für beide eine absolute Zeit- und Energieverschwendung. Auch Frauen neigen zu diesem »Egotrip«; sie sind aber in der Regel mehr daran interessiert, wie die Ausführung ihres Vorschlages die Betroffenen tangiert. Ihr Vorschlag kommt mehr von der gefühlsmäßigen Ebene.

In meiner Arbeit empfehle ich, das Symbol des Mandala anzuwenden. Es veranschaulicht die vier uns allen je nach ihrem Entwicklungsgrad zur Verfügung stehenden Funktionen. Die stark ausgeprägten Funktionen sollten abgeschwächt werden, die schwachen (weniger bewussten), die im Unbewussten schlafen, sollten geweckt und so lange bewusst eingeübt werden, bis sie verfügbar sind und zuverlässig gehandhabt werden können.

Diese Übung ist jedoch nicht immer erfreulich. Wir alle verlassen uns lieber auf unsere stark ausgebildeten Funktionen oder Fähigkeiten, denn sie bringen uns Erfolg, während die unterentwickelten Funktionen oft unsere Fehlschläge verursachen. Wir müssen aber alle vier Funktionen zu unserer Verfügung haben, wenn wir ein erfülltes und erfolgreiches Leben führen wollen.

Wir alle wissen, wie schmerzhaft es sein kann, Muskeln, die wir normalerweise nicht benutzen, durch körperliche Übungen zu stärken. Zuerst schmerzen sie sehr wegen der ungewohnten Betätigung, fahren wir aber entsprechend lange fort, schmerzen sie immer weniger, bis wir sie genauso leicht und schmerzfrei wie jeden anderen Muskel benutzen können. Das Gleiche gilt auch für unsere nicht körperlichen Muskeln. Fahren wir unbeirrt fort, unsere weniger bewussten oder schwächeren Funktionen zu trainieren, können wir anfänglich durchaus Fehler begehen und wenig erfolgreich sein. Aber wie bei allen anderen Übungen werden wir uns allmählich verbessern und von den so hinzugewonnenen Fähigkeiten profitieren, um abgerundete Persönlichkeiten ohne Schlagseite zu werden.

Kapitel 10

Der Herz-Bypass in der Familie und zu Hause

Gerade in unserer heutigen Gesellschaft treten bei den meisten Mitgliedern einer Familie eher die negativen Seiten ihrer Persönlichkeit in Erscheinung als die positiven. Sie mögen der Mittelpunkt einer Party, wie Mutter Teresa, ein Charmeur oder ein Engel für Freunde und Bekannte sein: Zu Hause jedoch, im Schoße der Familie, benehmen sie sich oft völlig anders. Eine gängige Entschuldigung für dieses widersprüchliche Benehmen ist, dass man draußen in der Welt »einen guten Eindruck machen« und sein »öffentliches Image« pflegen müsse, sich zu Hause aber gehen lassen könne.

Aber nach der alten Redensart »Wohltätigkeit sollte zu Hause beginnen« bieten uns gerade die Familienmitglieder die beste Gelegenheit, unser Karma aufzuarbeiten; sie können wertvolle Lehrer sein.

In der Kindheit werden Verhaltensmuster angelegt, die sich auf unser ganzes Leben auswirken können. Da alle jungen Geschöpfe eher durch das vorgelebte Beispiel als durch Worte lernen, prägt der Umgang der Eltern miteinander die künftigen Beziehungen ihrer Kinder.

Baba hat einen Lieblingsspruch: »Du kannst nicht immer gefällig sein, aber du solltest stets zuvorkommend reden und handeln« (You cannot always oblige, but you should always speak and act obligingly). Dies sollte sich mit Sicherheit auch auf den Umgang innerhalb der Familie beziehen. Das Zuhause sollte als Übungsfeld betrachtet werden, auf dem die Familienmitglieder lernen können, liebevoll miteinander umzugehen, und wo auch ihr künftiges, liebevolles Verhalten anderen gegenüber vorbereitet wird.

Kleine Kinder werden nicht mit genügend Wissen geboren, um

selbst feststellen zu können, was sie für ihr Leben brauchen. Sie verfügen zwar über ein bestimmtes Potential, aber es muss ihnen beigebracht werden, dieses Potential auch zu aktivieren und zu entwickeln. Ist diese Aufgabe erfüllt, werden sie das Zuhause verlassen und gut vorbereitet in die Welt hinausziehen, um ihren eigenen, von Liebe erfüllten Mittelpunkt zu gründen, der wiederum andere gleich gesinnte und liebevolle Menschen anziehen wird. Dieses Lebensbeispiel wird in die Gesellschaft ausströmen und das Licht in all denen wieder entfachen, die von ihm berührt werden.

Normalerweise bezieht sich die »Familie« unmittelbar auf die Eltern und ihre Kinder, aber sie besteht im Grunde genommen auch aus den Großeltern und den nahen Verwandten beider Ehepartner.

Es wird viel über die Verwandtschaft gewitzelt, besonders über die Schwiegermütter. Beide Seiten gehören jedoch zur Familie und sollten entsprechend beachtet werden. Das bedeutet aber nicht, dass ihnen unbegrenztes Sagen eingeräumt wird. Es bedeutet nur, ihnen mit Achtung zu begegnen und trotz allem unvernünftige Ansprüche zurückzuweisen und ihnen nicht das Zepter zu übergeben.

Oft höre ich Klagen über die Familie des Ehemannes oder der Ehefrau und manchmal auch die bittere Bemerkung: »Ich glaubte, meinen Partner zu heiraten, aber es sieht so aus, als hätte ich die ganze Familie geheiratet.« Diese unglückliche Situation wäre höchstwahrscheinlich nicht eingetreten, hätten beide Partner vor ihrer Eheschließung die Bande zu ihren jeweiligen Eltern mit Hilfe der Pubertätsriten durchtrennt.[5]

Es ist wichtig, gleich von Anfang an klare Grenzen zu ziehen. Verstimmungen können dadurch erst gar nicht aufgebaut werden und sich festsetzen. Und wieder trifft Babas Aufforderung zu: »Du kannst nicht immer gefällig sein, aber du solltest stets zuvorkommend reden und handeln.« Diese Einstellung vermittelt

5 Mehr darüber auf S. 62 ff.

Kindern ein positives Verhaltensmuster, das sie in ihrem späteren Leben in ähnlichen Situationen anwenden können.

Wir können nicht die Verantwortung für das Verhalten eines anderen Menschen übernehmen, aber wir haben die Freiheit zu entscheiden, wie wir darauf reagieren. Wir können ärgerlich reagieren, dann entspringt dieses Verhalten unserer Unsicherheit, oder aber wir könnten still das Höhere Bewusstsein bitten, durch uns zu handeln und zu sprechen. Nur die Persönlichkeit und das Ego können verletzt und lächerlich gemacht oder in Verlegenheit gebracht werden. Das wahre Selbst ist immun, denn Es ist sich seines eigenen Wertes bewusst und in jedem Menschen gleich.

Mit der immer größer werdenden Zahl von Scheidungen und Trennungen wird die Familienstruktur recht kompliziert, wenn die Verwandten beider Eltern noch hinzugerechnet werden. Heiratet die Mutter oder der Vater wieder, oder geht er bzw. sie eine andere Beziehung ein, werden auch die Familien der neuen Partner mit einbezogen. Diese Situation ist für alle Beteiligten sehr schwierig. Besonders hart aber trifft es die Kinder der verschiedenen Familien, die sich nicht nur an eine Stiefmutter, einen Stiefvater und manchmal an beide gewöhnen müssen, sondern auch an die anderen Mitglieder der neuen Familie, und zusätzlich noch an die eigenen Eltern.

Unter diesen Umständen können auch hier die Richtlinien angewandt werden, die für den Umgang mit Verwandten vorgeschlagen werden. Sie können vielleicht kein unmittelbares Wunder bewirken, wie es im Märchen versprochen wird (»sie lebten fortan glücklich miteinander«), aber es kann besonders Kindern helfen, inneren Stress abzubauen.

Wenn wir den Grundgedanken akzeptieren, dass jeder Mensch, dem wir in unserem Leben begegnen, uns eine wertvolle Lektion erteilen kann, und wenn wir unsere Kinder auch entsprechend erziehen, sich jeweils zu fragen, was sie aus den verschiedenen Beziehungen lernen können, könnten sie daraus einen großen Nutzen ziehen und wären weder verärgert noch voller Groll.

KAPITEL 11

Wiederbeleben der Pubertätsriten

In dem Wachtraum, in dem Baba mir den Herz-Bypass vorstellte, erklärte er mir nur zu anschaulich, dass der globale Herz-Bypass bis tief in die Geschichte zurückreicht. Seitdem hat er sich derart schnell ausgeprägt, dass seine Wirkung nicht nur im einzelnen Menschen spürbar wird, sondern in jüngster Zeit auch in Organisationen und in den verschiedenen Gruppierungen der einzelnen Länder weltweit. Wir können die Vergangenheit nicht ändern. Sie ist für immer vergangen. Aber wir können die Zukunft durch unser eigenes, tägliches Handeln verändern.

Wir müssen einen Weg finden, diesen lähmenden Prozess aufzuhalten. Immer mehr Menschen durchtrennen den Fluss der Liebe, der ihrem Herzen entspringt, und versuchen in erster Linie mit ihrem Verstand und ihrem Körper zu leben. Wir sind nur für uns selbst und unser eigenes Handeln in diesem gegenwärtigen Leben verantwortlich. Wir müssen daher alle notwendigen Veränderungen, die uns selbst betreffen, unbedingt in Angriff nehmen und dürfen nicht andere wegen ihrer Schwächen kritisieren und dabei unsere eigenen Schwächen übersehen.

Um die Kettenreaktion des Herz-Bypasses, die in tiefster Vergangenheit eingesetzt hat und bis in die Gegenwart fortdauert, zu durchbrechen, müssen wir Wege finden, diesen fortschreitenden Prozess heute in uns selbst rückgängig zu machen, ehe er auf weltlicher Ebene noch erdrückender und dominanter wird.

Dieser Prozess muss mit einer neu überdachten Kindererziehung beginnen. Bevor dies jedoch geschehen kann, müssen sich die Eltern, die für die frühe Erziehung ihrer Kinder verantwortlich sind, selbst von den Folgen ihrer eigenen Konditionierung im Kindesalter lösen, die mitverantwortlich für den gegenwärtigen, herzlosen Zustand der Welt sind.

In allen alten Kulturen und auch noch vereinzelt in heutigen Kulturen wurden verschiedene Pubertätsriten angewandt, um den Übergang von der Kindheit in das Erwachsenenalter zu markieren. Überreste dieser Praktiken finden sich noch im jüdischen Bar Mizwa, in der Konfirmation der christlichen Kirche und in ähnlichen Riten anderer Religionen. Aber die tiefe Bedeutung dieser Rituale ging verloren oder ihre Bedeutung wurde derart verwässert, dass sie kaum noch von den jungen Menschen verstanden wird.

Während dieser alten Rituale wurden die jungen Mädchen und Knaben physisch aus der Obhut ihrer Eltern, aus dem sicheren Nest ihrer Kindheit, entfernt. Dieser Brauch hatte eine ähnliche Wirkung wie das Verhalten der Eltern aller Spezies, die ihre Jungen in die Welt hinausstoßen, sobald sie glauben, dass die Jungen fähig sind, für sich selbst zu sorgen.

Für Menschenkinder hat das Ritual noch eine zusätzliche Bedeutung. Kinder durchlaufen in ihrem Reifungsprozess von der Geburt bis zur Pubertät verschiedene, ganz spezifische Stadien. Sie beginnen als hilflose Säuglinge, deren Pflege und Sicherheitsbedürfnis völlig von den Erwachsenen abhängt. Sie richten ihr Verhalten nach ihren Eltern und anderen Familienmitgliedern aus, um deren Aufmerksamkeit auf sich zu lenken. Sie werden schreien, wenn sie feststellen, dass sie nur so bemerkt werden, oder glucksen und lächeln, wenn dieses Verhalten ihre Bedürfnisse befriedigt; denn der ursprünglichste aller Instinkte ist der der Selbsterhaltung und des Überlebens.

In diesem frühen Stadium sind die Kinder absolut selbstbezogen und werden jedes Erfolg versprechende Mittel einsetzen, das sie zum Überleben brauchen. In der Pubertät, wenn sie von der Kindheit in das Jugendalter hineinwachsen und sich dem Erwachsensein nähern, müssen sie lernen, die Verantwortung für ihre eigenen Bedürfnisse selbst zu übernehmen. Außerdem wird von jungen Erwachsenen erwartet, dass sie ihren Platz als verantwortliche Mitglieder der Gruppe, der sie angehören, einnehmen. Die Kinder wurden in der Regel aus dem elterlichen Heim entlassen, das ihre Bedürfnisse voll befriedigte und wo sie sich nur um sich selbst und ihre Wünsche zu kümmern brauchten. Die Alten der Gruppe lehrten sie dann die grundlegenden Voraussetzungen, um ein aktives Mitglied in der Familie zu werden. Auf diese Weise legten sie das »ich-orientierte« Verhalten ab und traten in die nächste Phase ein, die die Bedürfnisse der anderen und später der gesamten Gruppe einschloss.

Da dieser Brauch lange vernachlässigt wurde, können viele Menschen den lebenswichtigen Übergang von der vorpubertären Phase der »Ich-Bezogenheit« zum reiferen »Wir-Verhalten« leider nicht vollziehen. Dieser Schritt aber ist wesentlich, denn nur durch ein offenes Herz kann Liebe hinaus zu anderen Menschen fließen. Junge Erwachsene bleiben oft in ihrer emotionalen Entwicklung stecken und können keinen wirklichen Reifungsprozess durchlaufen. Um diesen wichtigen Übergang wieder zu beleben, wurde mir ein einfaches Pubertäts-Ritual beigebracht, das heute angewendet werden kann. Es ist in meinem Buch *Die inneren Fesseln sprengen* beschrieben.

Das angemessene Alter für dieses Ritual ist sicherlich die ungefähre Zeitspanne der Pubertät. Jedes Alter ist jedoch dafür geeignet, nur sollte das Ritual nicht zu lange hinausgezögert werden, denn sonst wird es schwieriger, die über Jahre angehäuften Schichten abzutragen. Durch dieses Ritual kann der Herz-Bypass geheilt werden, denn es hilft Menschen, erfolgreich die Phase zu überschreiten, in der sie gefangen sind. Anteilnahme und Fürsorge können in jedem Alter aktiviert werden.

Wenn Menschen die Bande zu ihren Eltern durchtrennt haben, sind sie bereit, das Stadium des Selbstinteresses und der Eigenliebe zu überschreiten, um eine reifere und selbstlosere Ebene zu erreichen; erst dann können sie selbst Liebe schenken und auch empfangen. In vielen Beziehungen fehlt gerade diese Fähigkeit, denn sie gründen sich meistens auf körperliche, sexuelle oder geistige Anziehung. Wenn aber mit der Zeit der ursprüngliche Reiz schwindet und die gegenseitige Liebe erlischt, die diese Verbindung kitten könnte, entfernen sich die beiden Menschen voneinander und suchen einen neuen Partner, von dem sie sich eine dauerhaftere Partnerschaft erhoffen. Die steigende Zahl der Scheidungen und Trennungen ist ein direktes Ergebnis der Unfähigkeit, über die Selbstherrlichkeit der Kindheit hinauszuwachsen und sich die Fähigkeit anzueignen, einander hingebungsvoll zu lieben und für das Wohl des Partners da zu sein, anstatt an die Erfüllung seiner eigenen Wünsche zu denken.

Gehen zwei Menschen eine Partnerschaft ein, die von Liebe und Fürsorge geprägt ist, werden sie auch liebevolle Eltern sein. Sie werden ihre eigenen Kinder anders behandeln, als sie selber von ihren Eltern behandelt wurden. Obwohl Erwachsene sich an die fehlende Liebe in ihrer Kindheit erinnern, behandeln sie oft unbewusst ihre eigenen Kinder ebenso und vergessen, was sie damals empfunden haben. Werden zukünftige Eltern, egal welchen Alters, durch die Pubertätsriten geführt, dann akzeptieren sie die Rolle der Elternschaft leichter und ersetzen Eigennutz und Selbstliebe durch selbstloses Verhalten, das von Erwachsenen erwartet wird, und ganz besonders von Eltern.

Sie werden dann ihrerseits dafür sorgen, dass ihre Kinder allmählich und in einfachen Schritten Selbstlosigkeit erlernen, sobald sie beginnen, sich anderen zuzuwenden. Nähern sich die Kinder dann der Pubertät, sind sie bereit zu teilen. Diese jungen Erwachsenen können von ihrer Selbstbezogenheit zu einer expansiveren Liebe übergehen, die den Erwachsenen möglich ist. Wenn sie unabhängig von ihren Eltern sind und ihre eigenen persönlichen Fähigkeiten frei ausdrücken können, werden sie später mit der Unterstützung eines Partner ein festes Fundament für eine eigene Familie schaffen. Unter solchen Voraussetzungen kann der Herz-Bypass geheilt werden und die Kinder können lernen, ihre Yin- und Yang-Energie auszugleichen.

Nur wenige Menschen sind so auf das Leben vorbereitet worden, und deshalb mangelt es leider in vielen Familien an der Liebe, die sie entsprechend befreit, damit sie sich auf ihr wahres Selbst verlassen und nicht auf einander oder auf andere Menschen.

Wir alle werden in eine bereits bestehende Familie mit einer langen Ahnenreihe hineingeboren, die von beiden Eltern weit zurückreicht. Wir erben auch alle Verwandten von beiden Seiten und jeder Einzelne von ihnen kann unser Lehrer werden, der uns hilft, aus dieser Wechselwirkung zu lernen.

Die ursprüngliche Familie ist aus diesem Grund unser erstes

Klassenzimmer, in dem wir die grundlegenden Lektionen lernen. Dort sollten wir einüben, Familienmitglieder rücksichtsvoll zu behandeln und auf ihr Wohlergehen bedacht zu sein. Die meisten von uns würden sicherlich zögern, fremde Menschen anzubrüllen oder sie grob, ärgerlich oder ungeduldig zu behandeln, und dennoch setzen wir unsere eigene Familie unserem schlimmsten Benehmen aus und denken uns nichts dabei, sie zu beleidigen, anzuklagen, zu kritisieren oder unsere Eltern, unsere Partner, Kinder, Geschwister und andere Verwandte zu beschimpfen. Die übliche Entschuldigung hierfür ist, dass wir uns zu Hause entspannen wollen.

Der Herz-Bypass beginnt bei uns selbst, und deshalb sind wir die Einzigen, die ihn auch heilen können. Die Familie eignet sich für diesen Heilungsprozess am besten, denn die einzelnen Mitglieder sind hervorragende Lehrer. Anstatt die Familie als selbstverständlich hinzunehmen, sie als unseren Besitz zu betrachten und sie nach unserem Gutdünken zu behandeln, sollten wir unser Herz öffnen und die Liebe des Höheren Bewusstseins durch uns zu jedem einzelnen Familienmitglied fließen lassen. Viele Familienkräche könnten so vermieden werden und jedes Mitglied hätte die Möglichkeit, den Herz-Bypass auf familiärer Ebene zu heilen.

So betrachtet, scheint dies eine schier unlösbare Aufgabe zu sein. Betrachten wir aber die Welt mit all ihrer sichtbaren Negativität und ihrem Mangel an Liebe, so scheint diese Aufgabe erst recht unlösbar zu sein. Wir aber sind nur für unseren kleinen Lebensbereich verantwortlich, und wenn wir uns zunächst nur auf unser Verhalten gegenüber unserer Familie konzentrieren, werden wir uns mit den Kräften derer verbinden, die sich ebenfalls dieser Aufgabe widmen, und auf diese Weise wird die Welt sich zu verändern beginnen. Die Welt besteht aus Milliarden Individuen. Wenn wir den Herz-Bypass in unserem eigenen Leben heilen, werden sich entsprechend viele kleine Bereiche zu verändern beginnen. Wir brauchen uns dann nicht um das Gesamtbild zu sorgen. Wir sind nur für unseren kleinen Bereich zuständig. Worauf warten wir also? Ist es so schwer, dem Höheren Bewusstsein zu gestatten, seine Liebe durch uns zu den anderen Menschen fließen zu lassen?

Selbst bei den Kidnappern, die professionelle Aufwiegler sind, wirkte diese Liebe, also wird sie sicherlich noch viel stärker bei Menschen wirken, mit denen wir so viel Zeit verbringen und denen wir so viel Energie schenken.

KAPITEL 12

Eltern, die einen Herz-Bypass bei ihren Kindern verursachen

Ich erinnere mich noch an ein sehr umstrittenes Buch, das 1942 erschien. Es hieß *A Generation of Vipers*[6] und wurde von Phillip Wiley geschrieben. Es hatte mich sehr beeindruckt und ich habe seitdem festgestellt, wie zutreffend einige von Wiley's Schlussfolgerungen damals waren und heute noch sind. Er erfand ein neues Wort, »Momism«, um zu beschreiben, wie Mütter ihre Söhne in dem irrigen Glauben verwöhnen, dass es Liebe sei. Aber genau das Gegenteil ist der Fall, denn es handelt sich hierbei um eine unterschwellige Form von Macht. Die Mutter bindet ihren Sohn in seiner kindlichen Abhängigkeit an sich und der Sohn wird von ihrem Lob und ihrer Verhätschelung abhängig; er kann sich nicht von ihr befreien und daher nicht aus der Kindheit herauswachsen.

Diese *pueri eterni* oder ewigen Knaben schlagen oft eine der beiden möglichen Richtungen in ihrem Erwachsenenleben ein. Entweder sie werden homosexuell und von den vorgespiegelten Reflexionen ihrer Selbst durch andere Männer angezogen, oder aber sie spielen die Rolle des Don Juan mit vielen sexuellen Beziehungen, die nie lange andauern. Sie verharren auf der voradoleszenten Ebene, unfähig, mit der Mutter zu brechen, um erwachsen zu werden. Sie sind unfähig, über das Stadium hinauszuwachsen, in sich selbst verliebt zu sein. Einige Männer strengen sich ungeheuer an, um dieses Ungleichgewicht zu überwinden, und überbrücken die Lücke ihrer Entwicklung durch Machogebärden und übertriebenes Verhalten.

---

6 Nicht in deutscher Übersetzung erschienen (Anm. d. Übers.): Phillip Wiley, *A Generation of Vipers* (New York: Rinehart & Company, 1942, 1955).

Das ewige Kind in diesen Männern ist oft sehr charmant und wirkt auf den mütterlichen Instinkt einer Frau. Dieser Reiz aber verliert sich schnell, denn nur wenige Frauen möchten die Mutter ihrer Ehemänner oder Geliebten sein. Heiraten sie und wird die Frau schwanger, fühlen sich diese Männer sehr bedroht. Kommt das Baby dann auf die Welt, können sie äußerst eifersüchtig werden und der Frau übel nehmen, dass sie dem Baby mehr Aufmerksamkeit schenkt als ihnen. Manchmal verlassen diese Männer ihre Frauen schon zu Beginn der Schwangerschaft und suchen sich eine andere Frau, die ihnen und ihren Bedürfnissen volle Aufmerksamkeit schenkt. Wiederholt sich das Muster, werden sie wieder gehen und ein neues Opfer suchen.

Aber nicht nur Männer werden auf einem voradoleszenten Stadium gehalten. Einige Väter gehen nach einem ähnlichen Verhaltensmuster vor, wenn sie ihre Töchter bis in alle Ewigkeit von sich abhängig machen. Diese viel zu lange Bindung erinnert mich an den Schlager »My heart belongs to Daddy«, den Mary Martin vor vielen Jahren sang.

Wenn ein Elternteil ein erwachsenes Kinderherz regiert, ist dort kein Platz für einen Partner. Zukünftige Beziehungen werden sehr wahrscheinlich oberflächlich und eigennützig sein oder häufig wechselnd und kurz. Wie auch immer, Liebe und Fürsorge werden fehlen.

Werden die Bande zu beiden Elternteilen durchtrennt und lernen die Jungen oder Mädchen, als unabhängige Erwachsene in der Gemeinschaft zu leben, wird eine künftige Partnerschaft mit einem Menschen, der auch diesen Reifeprozess durchgemacht hat, möglich und kann erfüllend sein. Jeder Partner wird dann das Wohlergehen der anderen Familienmitglieder berücksichtigen und nicht nur seine eigenen Wünsche erfüllen.

Wenn immer mehr Familien lernen, derart verantwortlich zusammenzuleben, wird dies an ihrem sozialen Umfeld nicht spurlos vorübergehen, es wird weitere Kreise ziehen und entsprechende Veränderungen bewirken und sich eventuell immer weiter ausbreiten.

Es ist interessant festzustellen, dass gerade die Menschen, die völlig unsensibel mit den Gefühlen anderer umgehen, äußerst sensibel reagieren, wenn es sich um ihre eigenen Gefühle handelt oder auch nur die geringste, noch nicht einmal beabsichtigte Kritik an ihnen geübt wird. Übersteigerte Selbstbezogenheit ist oft Ausdruck eines blockierten Herzens.

Menschen, die in ihrer Kindheit misshandelt wurden, tendieren dazu, dasselbe Muster bei ihren eigenen Kindern zu wiederholen. Als ich mit Kindern arbeitete, deren Eltern die Konzentrationslager der Nazis überlebt hatten, wurde mir diese Tendenz bewusst. Ich konnte kaum glauben, dass diese jungen Menschen, als sie heirateten und selbst Kinder bekamen, ihre Kinder oft in gleicher Weise behandelten, wie sie in den Lagern behandelt wurden. Hilflos der Gnade der Lagerwärter ausgeliefert, gaben sie ihre Frustration und ihre Verbitterung anscheinend an ihre Kinder weiter, die noch hilfloser waren. Sie suchten irgendeinen Ausgleich für ihre damalige Unfähigkeit, selbst zurückschlagen zu können. Dieses negative Verhaltensmuster muss sich so tief eingeprägt haben, dass sie es nach außen verlagern mussten, um es austreiben zu können. Sich auf diese Weise abzureagieren bedeutet, die Kettenreaktion in Gang zu halten.

Kapitel 13

Kindesmissbrauch – sexueller und sonstiger

Kindesmissbrauch und besonders der sexuelle Missbrauch von Kindern ist heute öffentlich bekannter als früher. Er trat endlich aus dem Verborgenen hervor, wo er so lange versteckt und unerkannt blieb, denn die Drohungen der Täter vor entsetzlichen Konsequenzen, falls die misshandelten Kinder jemals irgendjemandem von der erlittenen Misshandlung erzählen sollten, ließen die Kinder schweigen.

Instinktiv betrachten Kinder Erwachsene als Autoritätspersonen und halten das, was sie sagen für die Wahrheit. Außerdem sind Erwachsene viel älter, größer und stärker als Kinder, so dass diese Angst haben, ungehorsam zu sein, denn es könnte ihnen womöglich noch sehr viel Schlimmeres angetan werden. Sie schweigen also und unterdrücken oft sogar die Erinnerung an die Misshandlung oder ihr Wissen darüber, besonders dann, wenn sie noch sehr klein waren, als es passierte. Die Auswirkung dieses Missbrauchs jedoch bleibt in ihnen bestehen, wenn auch auf tiefer, unbewusster Ebene, und wird alle folgenden Beziehungen negativ beeinflussen.

Wenn ein Vater sein Kind missbraucht hat, und die Mutter durchaus Bescheid wusste, kommt es oft vor, dass auch sie aus Angst vor ihrem Mann und einer möglichen tätlichen Auseinandersetzung schweigt. Vielleicht war sie auch eifersüchtig auf diese intime Beziehung und fühlte sich zurückgestoßen. Wenn das der Fall war, wird sie die Tochter bezichtigen, den Vater verführt zu haben. Möglicherweise glaubt sie, dass die Tochter mit ihr um die Aufmerksamkeit des Vaters wetteifert. Auch wenn der Ehemann sich der Tochter zuwandte, weil die Beziehung mit seiner Frau unbefriedigend wurde, wird die Mutter im Allgemeinen eher der Tochter die Schuld geben, als ihre Beziehung zu ihrem Ehemann zu überprüfen, um zu versuchen, sie zu verbessern. In einem solchen Fall kann das Kind keinem Elternteil mehr trauen und wird dieses Misstrauen mit sich herumtragen und auf zukünftige Beziehungen projizieren, mit all den begleitenden Schmerzen, die dem Herzen zugefügt wurden.

Manche jungen Mädchen, die von einem Elternteil oder Verwandten, einem Freund der Familie oder einem Fremden sexuell missbraucht wurden, fühlen sich schuldig und gehen später wahllos Geschlechtsbeziehungen ein, in dem verzweifelten Versuch, sich für das, was sie instinktiv als ein Tabu betrachten, selbst zu bestrafen. Oder sie fahren in einem Verhaltensmuster fort, das durch den Missbrauch eingeleitet wurde.

Auch hier ist der sexuelle Missbrauch ein extremes Beispiel persönlicher Zügellosigkeit, die ausbrechen kann, wenn das Herz verschlossen ist. Kindesmissbrauch ist ein äußerst widerwärtiges Vergehen, denn das Kind als Opfer kann sich weder wehren noch sich verweigern.

Die körperliche Misshandlung von Kindern hat verschiedene Ursachen. Sind die Eltern zu jung und unerfahren oder wurden sie von ihren eigenen Eltern misshandelt, werden sie ihre Verbitterung und ihre Frustration an einem Schwächeren, Jüngeren auslassen, der ihnen nichts entgegenzusetzen hat, und oft sind das die eigenen Kinder. Dies ist besonders dann der Fall, wenn Eltern ihre Kinder als Besitz und nicht nur als Leihgabe für die persönliche Lebenserfahrung betrachten.

Eine weitere erschreckende Tatsache kam erst vor nicht allzu langer Zeit ans Tageslicht. Es handelt sich hierbei um sexuellen Missbrauch von Kindern aus armen Ländern. Männer benutzen diese wehrlosen Opfer auf jede beliebige Weise und oft mit dem Wissen der Eltern. Diese verkaufen ihre Kinder sogar für Geld, um so ihren Lebensunterhalt bestreiten zu können.

Baba sagt, dass wir alle eins sind, und aus diesem Grunde sollten wir jeden einzelnen Menschen wie Gott behandeln. Das bedeutet, dass wir, was immer wir anderen antun, uns selbst antun, denn wir sind alle eins im Innersten unseres Seins.

Allein diese Tatsache sollte genügen, uns davon zu überzeugen innezuhalten, um zu sehen und zu hören, was wir denken, fühlen, sagen und welche Schmerzen wir anderen zufügen, denn irgendwann einmal fällt es auf uns zurück und wir werden verletzt.

Kapitel 14

Konkurrenzdenken und der Herz-Bypass

Mir wurde in einem Wachtraum gezeigt, dass der einzige Mensch auf der Welt, mit dem wir in Wettbewerb treten können, wir selbst sind. Jeder von uns hat auf seiner Reise zurück zu seinem wirklichen Selbst eine ganz bestimmte Entwicklungsstufe erreicht. Niemals sind zwei Menschen am selben Ort zur selben Zeit, und schon gar nicht auf einem identischen Weg. Es ist daher völlig überflüssig, mit anderen in Wettbewerb zu treten oder sich mit ihnen zu vergleichen. Dies ist bloße Zeit- und Energieverschwendung. Es wäre, als würde man zwei Läufer miteinander vergleichen, die an verschiedenen Orten zu unterschiedlichen Zeiten in andere Richtungen starten, um ein persönliches Ziel zu erreichen, und sie würden trotzdem gegeneinander antreten. Auf diese Art und Weise ist ein Wettkampf völlig unmöglich. Und dennoch messen und vergleichen sich so viele Menschen miteinander. Dieser unnötige Vergleich wird immer fehlschlagen und in Frustration enden.

Die einzige realistische Einstellung zu verschiedenen Lebensumständen und Menschen, denen wir begegnen oder mit denen wir eng zusammenleben, ist die, sich zu fragen, welche Herausforderungen oder Möglichkeiten uns entsprechende Lebensumstände bieten, und sie als »Schule des Lebens« anzusehen, um festzustellen, was wir tatsächlich schon gelernt haben. Oder anders ausgedrückt: Jeder Lebensumstand kann als Messlatte angesehen werden, auf der abzulesen ist, wie weit wir im Lernprozess fortgeschritten sind. So gesehen, dürften uns die Lebensumstände anderer Leute, wie äußerer Besitz und innere Fehler, Eigenschaften oder Fähigkeiten, nicht berühren. Nicht wir sollten daraus lernen, sondern sie. Wir können sie jedoch beobachten, so als blickten wir in einen Spiegel, um von ihnen zu lernen. Nur durch die Wechselwirkung mit anderen Menschen können wir eigene Fehler erkennen und an ihnen arbeiten.

Der Vergleich mit anderen Menschen kann insofern hilfreich sein, als er uns anregt, über unser Leben nachzudenken, oder uns durch das Beispiel anderer verdeutlicht, was wir erreichen könnten, wenn wir dem Höheren Bewusstsein erlaubten, uns als sein Instrument zu benutzen.

Je mehr wir versuchen, mit anderen in Konkurrenz zu treten, um sie zu schlagen oder zu überbieten, umso mehr tragen wir zu unserem eigenen Herz-Bypass bei und folglich auch zur Lieblosigkeit auf globaler Ebene. Wenn wir uns bemühen, unser eigenes Leben in Ordnung zu bringen, und dem Höheren Bewusstsein erlauben, durch uns zu leben und zu handeln, dann können wir Ihm auch gestatten, durch jeden von uns den anderen Menschen seine Liebe zukommen zu lassen. Automatisch würden dann auch unsere eigenen Herzen geöffnet werden.

Es ist traurig zu sehen, wie selbst kleine Kinder schon im Kindergarten dazu angestachelt werden, mit anderen Kindern in Wettstreit zu treten, anstatt ihre eigenen körperlichen und geistigen Muskeln zu trainieren, um in ihrer persönlichen Entwicklung voranzuschreiten. Erziehung wird immer mehr zu einer Anleitung, andere auszustechen, um selbst der Beste zu sein und Auszeichnungen zu ernten.

Das Konkurrenzdenken kann besonders dann schädlich sein, wenn Kinder dazu ermutigt werden, gegen eigene Geschwister anzutreten. Jedes Kind wird entsprechend seinen persönlichen Voraussetzungen in eine Familie geboren – so als wäre es magnetisch von ihr angezogen –, um die Gelegenheit zu erhalten, ganz bestimmte Lektionen zu lernen und karmische Schuld abzutragen, die ausgeglichen oder gelöscht werden sollte. Da jedes Kind unterschiedliche Inkarnationen durchlebt hat, wird es durch den ungleichen Wettstreit mit seinen Geschwistern, die älter oder jünger sind und entsprechend andere Herausforderungen benötigen, nur verwirrt.

Zu viele Kinder werden durch den Vergleich mit ihren Geschwistern vergeblich angespornt, Eigenschaften und Fähigkeiten zu entwickeln, die ihre Geschwister haben und sie nicht. Kann das Kind jedoch nicht erfolgreich mit seinen in mancher Hinsicht begabteren Geschwistern konkurrieren, kann es sich so hoffnungslos fühlen, dass es aufgeben und nicht weiter versuchen wird zu lernen.

Besonders in unserem immer hektischer werdenden Leben ist es nicht immer einfach, jedem Kind den Weg zu weisen, den es zur Entwicklung seiner Fähigkeiten gehen muss. Leider haben die seit Generationen entstandenen Verhaltensmuster Eigenschaften geprägt, die automatisch zu Re-Aktionen werden. So werden Eltern, die selbst gezwungen wurden, mit ihren Geschwistern zu konkurrieren, ihrerseits wieder ihre eigenen Kinder dazu zwingen, obwohl sie als Kind vermutlich selbst darunter gelitten haben.

Kapitel 15

Der Herz-Bypass am Arbeitsplatz

In unserer heutigen Zeit sind die meisten Männer und Frauen gezwungen, täglich einer Beschäftigung außer Haus nachzugehen. Es wird für ein Ehepaar immer schwieriger, angenehm zu leben und gleichzeitig die Familie mit nur einem Gehalt zu ernähren. Die Familie der Doppelverdiener wurde sehr schnell zum Normalfall. Diese Situation bedeutet jedoch eine große Belastung für alle Familienmitglieder, besonders aber für die berufstätige Mutter. Zusätzlich zu ihrem Beruf ist sie in der Regel nicht nur für alle Haushaltsbelange verantwortlich, sondern auch für ihre Doppelrolle als Ehefrau und Mutter. Allmählich aber scheint sich dieser Zustand zu entspannen, denn immer mehr Väter sind bereit, auch Hausarbeit zu übernehmen und die Kinder zu versorgen. Durch diese Arbeitsteilung wird die berufstätige Mutter stärker entlastet. Sind beide Eltern ungewöhnlichem Stress ausgesetzt, werden alle Familienmitglieder unweigerlich davon berührt. Die unvermeidliche Folge ist, dass ihre Herzen verschlossen bleiben und sie die Liebe, die diese Spannungen glätten könnte, nicht vollständig und befriedigend ausdrücken können.

Jeder Mensch hat jedoch die Möglichkeit, sich sowohl am Arbeitsplatz als auch zu Hause seine eigene Sphäre zu schaffen, die auf alle Menschen der unmittelbaren Umgebung übergreifen kann und sich gegebenenfalls auf die Gemeinde ausdehnen wird, in der er lebt und arbeitet.

Stress ist ein Schlagwort geworden und beschreibt eine Vielzahl von schädigenden Reaktionen auf unterschiedliche Begebenheiten. Es kann als Entschuldigung benutzt werden, etwas nicht getan zu haben, weil man es nicht tun wollte. Und wenn man etwas nicht tun will, ist es bequem, einfach zu sagen, man stünde unter derartigem Stress, dass man es nicht tun konnte. In eklatanteren Fällen kann es einfach eine Entschuldigung für Faulheit sein.

Aber was genau ist Stress? In meiner Wachtraum-Arbeit wurde mir gezeigt, dass die Hauptursache für Stress ein Widerstand gegen etwas oder jemanden und die damit verbundene Nervosität ist.

Ich erinnere mich noch an den weisen Arzt, der mir bei der Geburt meiner jüngeren Tochter zur Seite stand, die ich nach der natürlichen Methode von Grantly Dick Read, einem Engländer, auf die Welt brachte. Er hatte diese Methode eingeführt. Während der vorgeburtlichen Konsultationen erklärte er mir, dass die Geburtsschmerzen normalerweise durch Anspannung und Widerstand gegen die Wehen verursacht werden. Kann sich die Mutter entspannen und durch ihr Atmen den Geburtsvorgang unterstützen, wird sie weitaus weniger Schmerzen während der Geburt spüren. Beide, Mutter und Kind, können so von einer leichteren und weniger schmerzhaften Geburt profitieren.

Viele Sportler haben ebenfalls herausgefunden, dass sie weniger verkrampft und müde nach einer körperlichen Höchstleistung sind, wenn sie sich während der Wettkämpfe entspannen. Einige berichteten, dass sie das Loslassen einübten und sich so auf eine andere Ebene begaben, die sie von innen animierte. Da diese Idee bei Sportbegeisterten immer populärer wurde, erschienen Bücher über diese Theorie, wie *Inner Game of Tennis*[7] und ähnliche.

Eines meiner liebsten Bücher ist *Zen in der Kunst des Bogenschießens*[8] von Herrigel. In diesem Buch entwickelt der Autor folgende Theorie: Wartet ein Bogenschütze schussbereit mit gespanntem Bogen so lange, bis der Pfeil *durch ihn* und nicht *von ihm* abgeschossen wird, wird der Pfeil ohne seine Willenseinwirkung ins Schwarze treffen, entspannt und mühelos.

Ich treffe bei meiner Arbeit viele professionelle Therapeuten,

---

7 W. Timothy Gallwey, *Inner Game of Tennis*, Bantam Books, New York 1984. Von diesem Titel ist keine deutschsprachige Ausgabe erschienen (Anm. d. Übers.).

8 Eugen Herrigel, *Zen in der Kunst des Bogenschießens*, O. W. Barth im Scherz Verlag.

und eine große Anzahl von ihnen sagte mir, dass sie abends nach den Beratungen völlig erschöpft nach Hause kommen und die Probleme der verschiedenen Patienten mit sich nehmen. Manche sagten mir sogar, dass sie sich völlig ausgebrannt fühlten und in Betracht zögen, ihren Beruf gegen einen weniger anstrengenden einzutauschen.

Durch Anwendung der mir übermittelten Methode habe ich gelernt, dass man am Ende eines Beratungstages nicht unbedingt erschöpft sein muss oder die Probleme der Patienten mit sich nach Hause zu nehmen hat; das hilft weder den Patienten noch dem Therapeuten. Wenn sich der Therapeut oder Helfer dem Höheren Bewusstsein in dem Vertrauen übergibt, dass Es die notwendige Hilfe schickt, und wenn er annimmt, was immer Es sendet, besteht die ganze Übung darin, entspannt nach innen zu horchen und auf die Weisungen des Höheren Bewusstseins zu warten. Das Höhere Bewusstsein, das beiden zugänglich ist, dem Therapeuten und dem Patienten, wird sie belehren. Das hat sich nicht nur für mich, sondern auch für all jene bewahrheitet, die mit dieser Methode arbeiten. Viele berichten, dass nicht nur die Sitzungen fließender verlaufen und sie abends weniger erschöpft nach Hause kämen, sondern dass sie sich auch energiegeladener fühlen.

Aber das Therapieren ist nur ein Beruf von vielen, bei denen über Stress geklagt wird.

Auf allen Arbeitsgebieten können wir die Erfahrung machen, stressfrei zu arbeiten, wenn wir bereit sind, dem Höheren Bewusstsein zu gestatten, durch uns zu arbeiten und nicht wir mit unserem eigenen Willen bemüht sind, die Arbeit zu vollenden. Es gibt dann keine Entschuldigung, sich am Ende des Tages erschöpft oder ausgebrannt zu fühlen. Ich sage allen Therapeuten, dass es ihre eigene Schuld sei, sich erschöpft zu fühlen, denn sie arbeiten nicht in der richtigen Weise. Das Höhere Bewusstsein könnte die Arbeit für sie erledigen, wenn sie nur bereit wären, Sein Instrument zu werden.

Wenn nur eine einzige Person an ihrem Arbeitsplatz ein Beispiel für das Instrument des universalen Höheren Bewusstseins sein könnte und bereit wäre, die Liebe aus der inneren Quelle all denen zufließen zu lassen, mit denen sie täglich zusammenkommt, würden Veränderungen eintreten, die helfen würden, den globalen Herz-Bypass zu heilen.

Wir müssen unsere Arbeitskollegen nicht lieben. Wir müssen sie noch nicht einmal mögen, aber wir können ihnen die Liebe des Höheren Bewusstseins senden, die vielleicht ihre Herzen und unser Herz öffnet. Viele Menschen erzählten mir, dass sich schwierige Beziehungen, unter denen sie jeden Tag gelitten hatten, zu ihrem Erstaunen enorm verbesserten, wenn sie diese kleine Übung täglich praktizierten. Es hängt nur von uns selbst ab. Sind wir bereit, unseren kleinen Beitrag zu leisten, das Herz wieder funktionsfähig zu machen, oder warten wir darauf, dass andere es für uns tun?

KAPITEL 16

Der Herz-Bypass im Umgang mit Dienstleistungspersonal

Der Herz-Bypass tritt besonders auf dem Sektor des Dienstleistungsgewerbes zutage.

Wenn ein Mensch unter seinen Eltern, seinem Partner, unter seinen Berufskollegen und besonders unter seinem Chef leidet, ist er manchmal geneigt, seine Frustrationen an Untergebenen oder vermeintlich weniger wichtigen Menschen auszulassen. Diese Menschen aber leiden unter einer Beleidigung, Zurückweisung oder unangemessenen Behandlung ebenso wie diejenigen, von denen sie respektlos behandelt werden.

Frustration und Ärger an Menschen auszulassen, die schwächer und weniger erfolgreich scheinen, ist eine allgemeine Tendenz. Wenn Menschen schlecht behandelt würden, aber das damit verbundene Karma nicht akzeptieren und daraus nicht lernen können, wie schmerzvoll es ist, derart behandelt zu werden, dann geben sie dieses Verhalten unweigerlich an Schwächere, Jüngere oder an Menschen weiter, die sich nicht wehren können. Diese Reaktion verleiht ihnen offenbar ein Machtgefühl, das verloren ging, als sie selbst schlecht behandelt wurden. Die Ausübung dieser Macht aber geht auf Kosten des unmittelbaren Opfers. Menschen, die Vergeltung suchen, werden in diesem oder einem späteren Leben eine ähnliche Behandlung erfahren. Der Teufelskreis von Aktion und Re-Aktion wiederholt sich auf diese Weise und viele Menschen bleiben dem Todes- und Wiedergeburts-Zyklus bis in alle Ewigkeit verhaftet. Lassen wir unsere Frustrationen an Untergebenen aus, dann verletzen wir uns auf lange Sicht selbst, denn eines Tages werden wir den Lohn unserer Taten ernten, denn wir werden ernten, was wir säen.

Oft habe ich in Restaurants Menschen beobachtet, die sich angeregt und freundlich mit einem Partner oder Freunden unterhielten. Wenn sie dann ihre Bestellung aufgeben, verändert sich ihr Verhalten oft drastisch. Sie werden äußerst bestimmend, sprechen in überheblichem Ton zu dem Kellner und behandeln ihn wie einen Untermenschen, um ihre eigene Überlegenheit zu demonstrieren. Sie versuchen ihre Freunde als Kenner guten Essens und exzellenter Weine zu beeindrucken. Werden sie jedoch von einer Frau bedient, ändert sich ihr Verhalten. Ohne Rücksicht auf die Gefühle der Kellnerin und die der anderen weiblichen Anwesenden flirten sie unverhohlen mit ihr, um sich als Frauenheld zu beweisen.

Verkaufspersonal wird oft ähnlich erniedrigend behandelt. Dessen Job, wie der der Kellner oder Kellnerinnen, ist sehr ermüdend; es muss den ganzen Tag stehen und wird oft wie angestellte Sklaven behandelt, die ihre Arbeit wie Maschinen und nicht wie menschliche Wesen zu verrichten haben. Ein weiteres Beispiel für Rücksichtslosigkeit oder schlechtes Benehmen ist die Art, wie manche Frauen ihre Friseurin behandeln. Geduldig versuchen diese die Wünsche der Frauen zu erfüllen, die wie ein Mannequin frisiert werden wollen, obwohl ihr Haar beispielsweise durch häufiges Bleichen dünn und angegriffen ist.

Manchmal genügt schon eine kleine Aufmerksamkeit oder liebevolle Anteilnahme, um etwas Licht und Humor in ihr Leben zu bringen anstatt Kritik und Undank. Was wir säen, werden wir ernten. Wenn wir immer nur fordern, werden wir feststellen, dass unsere Forderungen bald nicht mehr erfüllt werden, und wenn doch, dann nur zögernd, denn niemand lässt sich gern zwingen, etwas zu geben. Man sollte aus freiem Herzen geben und nicht, wenn es erwartet oder als selbstverständlich erachtet wird.

KAPITEL 17

Verhätschelte Haustiere oder Opfer menschlichen Missbrauchs? Der Herz-Bypass im Umgang mit Tieren und Pflanzen

Da jedes lebende Geschöpf entsprechend seiner Gattung seine ureigene Göttlichkeit in sich trägt, sollten wir alle lebenden Geschöpfe als eine Manifestation Gottes behandeln.

Versuche haben ergeben, dass sogar Pflanzen positiv oder negativ auf äußere Reize reagieren, beispielsweise auf Musik, und dass sie menschliche Gefühle, die sich in Gleichgültigkeit, Abneigung, Wertschätzung oder Liebe ausdrücken können, wahrnehmen.

Ich beobachtete einmal eine Reihe von Experimenten, die beweisen sollten, dass Pflanzen unterschiedlich auf menschliches Verhalten reagieren; so wurde beispielsweise ein Teil der Pflanzen regelmäßig mit Liebe, der zweite Teil mit Widerwillen und Flüchen bedacht, während der dritten Gruppe keine besondere Aufmerksamkeit geschenkt wurde. Ich stand damals den zu erwartenden Ergebnissen ziemlich skeptisch gegenüber, denn ich hatte mir nie Gedanken über die Möglichkeit gemacht, dass Pflanzen sichtbar auf menschliche Behandlung reagieren würden. Als ich jedoch die Reaktion der drei verschiedenen Pflanzengruppen auf ihre jeweilige Behandlung sah, war ich über das Ergebnis recht erstaunt. Die Pflanzen, die überschwänglich mit Liebe (mental und wörtlich) bedacht wurden, blühten in nicht geahnter Pracht, und die, die keine besondere Aufmerksamkeit außer der normalen täglichen Pflege erfuhren, blühten wie immer. Den Pflanzen, die Fluch, Missbilligung und sogar Hass erfahren hatten, ging es sehr schlecht. Sie welkten dahin und starben, obwohl sie wie immer gegossen wurden und wie die anderen in der Sonne standen. Auch andere Experimente bestätigten, dass Pflanzen fähig sind, auf verschiedene Reize zu reagieren, die von Menschen in ihrer unmittelbaren Umgebung ausgehen. Es stellte sich ferner heraus, dass Pflanzen auf Geräusche und speziell auf bestimmte Musik sichtbar reagieren. So versuchten sie beispielsweise, lauter Musik, wie Rock and Roll, auszuweichen und wandten sich von der Geräuschquelle ab; wohingegen sie auf melodische, klassische Musik positiv reagierten und versuchten, sich dieser Geräuschquelle zuzuwenden.

In ihrem Buch *The Secret Life of Plants*[9] beschreiben Tompkins und Bird die verschiedenen Reaktionen von Pflanzen.

Da man davon ausgehen kann, dass Pflanzen positiv auf Liebe und Wertschätzung und negativ auf Lieblosigkeit und Gefühllosigkeit reagieren, muss man annehmen, dass Tiere, die höher auf der Evolutionsleiter stehen, noch intensiver auf menschliche Behandlung reagieren. Auch hier werden die Folgen des menschlichen und automatisch des allgemeinen Herz-Bypasses klar sichtbar.

Tiere können äußerst extreme Behandlung erfahren; sie reicht von extravaganter Überverwöhnung bis hin zu Grausamkeit, Quälerei und Liebesentzug.

Tiere sind gezwungen, sich wegen ihres Schutzbedürfnisses und Wohlergehens auf ihre Besitzer zu verlassen. Auch Tiere tragen den göttlichen Funken in sich, können aber, im Gegensatz zum Menschen, ihre Bedürfnisse weder aussprechen, noch gegen grausame Behandlung oder Zurückweisung protestieren.

Viele Menschen, die selbst unterdrückt wurden, werden ihrerseits die ihnen anvertrauten Tiere in grausamer Weise unterdrücken, in dem vergeblichen Bemühen, sich dann selbst weniger hilflos zu fühlen. Aber entsprechend den Lehren aller großen Meister

---

9 Peter Tompkins und Christopher Bird, *Das geheime Leben der Pflanzen – Pflanzen als Lebewesen mit Charakter und Seele und ihre Reaktionen in den physischen und emotionalen Beziehungen zum Menschen*, Fischer Taschenbuch Verlag, 20. Auflage, Frankfurt/Main 1997.

fallen unsere Taten, ob positiv oder negativ, die wir an Menschen oder sonstwie begehen, auf uns zurück. Aus diesem Grunde sollten wir sehr sorgsam mit den Spezies niederer Gattungen umgehen, denn sonst werden wir selbst diese Erfahrung entweder in diesem oder in einem späteren Leben machen müssen, bis wir gelernt haben, Tiere würdig und liebevoll zu behandeln.

Sai Baba hat einmal einen seiner Anhänger getadelt, weil er ein Tier schlecht behandelt hatte, und darauf hingewiesen, dass auch er den Schlag oder die Beschimpfung, die dem Tier galt, empfunden habe, denn er und auch wir seien eins mit allen lebenden Geschöpfen. Appellieren wir an das göttliche Selbst eines Tieres, so wird es, nach seinen Worten, von dieser Ebene aus reagieren und uns nicht verletzen. Folgende wunderbare Geschichte führte er als Beispiel an:

»Es war einmal ein *guru*, der seinem Schüler sagte, Gott sei in allem und jedem. Der Schüler glaubte ihm. Und gerade an diesem Tage fand eine königliche Parade statt. Der König war die Hauptattraktion und ritt auf einem riesengroßen Elefanten. Der Schüler ignorierte alle für solche Paraden geltenden Sicherheitsmaßnahmen und stellte sich standhaft in den Weg des königlichen Elefanten. Er kümmerte sich nicht um die Warnrufe, dass er zu Tode getrampelt werden könnte. Als der Elefant ihn erreichte, hob er ihn hoch und setzte ihn sicher auf einer Seite ab. Der Schüler ging zu seinem *guru* und beschwerte sich, dass, obwohl Gott sowohl im Elefanten als auch in ihm selbst sei, er den Elefanten nicht vom Weg abbringen konnte, sondern ganz im Gegenteil, der Elefant ihn entfernt hätte. Der *guru* erklärte, dass dies eine Frage der körperlichen Stärke sei, und der Elefant sei eben stärker. Er erklärte dem Schüler, hätte er nicht Gott in dem Elefanten gesehen, hätte das Tier ihn ganz sicherlich getötet. Da aber der Schüler im Elefanten Gott gesehen habe, habe Gott ihn sicher hochgehoben und vor Schaden bewahrt. Kein Tier, nicht einmal eine Kobra, wird demjenigen Menschen etwas zuleide tun, der Gott als wesentliche Wirklichkeit im Tier oder der Schlange sieht. Das Gleiche gilt auch für gefährliche Menschen; es gibt hier aus karmischen Gründen aber Ausnahmen.«

Wenn wir das göttliche Selbst eines Menschen anrufen, der uns angreifen will, so erläutert Baba betrübt, ist die oben erwähnte Methode nicht immer erfolgreich, denn in der gegenwärtigen Zeit ist niemand absolut gut; wir alle sind eine Mischung aus guten und schlechten Eigenschaften.

Die Eingeborenen Amerikas, sowie Eskimos und Menschen aus ähnlichen Kulturen, die noch in enger Harmonie mit der Natur leben, pflegen das Tier um Erlaubnis zu bitten, bevor sie es töten, um nicht selbst verhungern zu müssen. Es hat manchmal sogar den Anschein, so wird erzählt, als ob Tiere sich selbst als Nahrung für hungernde Menschen anbieten würden. Das Töten eines Tieres ist mit bestimmten Ritualen, Gebeten und Danksagungen an das Tier verbunden, denn es versorgt den Menschen mit der so notwendigen Nahrung.

Wie Kinder sind auch Tiere unserer Fürsorge und Obhut unterstellt und sollten liebevoll behandelt werden. Wir sollten sie führen und lehren, uns aber nicht von ihnen beherrschen lassen. Wir sind dafür verantwortlich, ihre Bedürfnisse rücksichtsvoll zu erfüllen, ebenso wie unsere eigenen.

KAPITEL 18

Die Rolle der Frauen, die Energie des Herzens wieder fließen zu lassen

Wie können wir die Energie des Herzens wieder fließen lassen, die seit Jahrhunderten in allen Kulturen sowohl im Mann als auch in der Frau durchtrennt oder unterdrückt wurde?

Frauen empfangen das männliche Sperma, um Kinder zu gebären und die Bevölkerung zu vermehren. Sie verkörpern die Yin-Energie, die von Natur aus empfangend, nährend und sorgend ist. Durch diese im Wesentlichen rezeptive Eigenschaft können sie eine wesentlich engere Verbindung zu ihrem Herzen, ihren Gefühlen und Emotionen eingehen; sie ist konträr zur Funktion des Verstandes.

Auf dem gegenwärtigen Stand der menschlichen Evolution wurde die Yang-Energie, notgedrungen, stark entwickelt und überbetont. Jetzt aber wurde eine Grenze überschritten und sie sollte durch die entgegengesetzte und komplementäre Yin-Energie wieder ausgeglichen werden.

Dieser Prozess, den es einzuleiten gilt, kann mit der Bewegung eines Pendels verglichen werden, das bis zum Anschlag in eine Richtung schwingt und dann genauso weit in die andere Richtung zurückschwingt. Kann dieser Prozess ohne Blockade oder Begrenzung und ohne Unterbrechung erfolgen, dann wird sich das Pendel irgendwann zwischen beiden Gegenpolen zentrieren.

Sowohl auf weltlicher als auch auf individueller, menschlicher Ebene findet dieser Prozess immer zwischen den Gegenpolen der Yin- und Yang-Energie statt. Auf weltlicher Ebene ist diese Schwingung stärker ausgeprägt, sie dauert länger und kann daher besser beobachtet werden.

Im Verlauf der Geschichte eines Volkes gibt es für diese weiten Pendelschwingungen ganz klare Beispiele. Jede Zivilisation erreicht einen kulturellen und zivilisatorischen Höhepunkt, um dann die Gegenrichtung einzuschlagen und langsam zu kollabieren. Dieser natürliche Prozess wird am besten durch die Lebensspanne aller lebenden Spezies veranschaulicht, seien es Kristalle, Pflanzen, Fische, Vögel, Tiere oder menschliche Wesen. Die Bewegung des Meeres folgt auch diesem Rhythmus, der Yin-Ebbe oder dem Rückzug und der Yang-Flut, dem Vorwärtsdrängen. Ein ganz bestimmter Zeitplan läuft mit dieser natürlichen Ebbe und Flut im Leben aller Geschöpfe ab. Die Jungen werden in diesen Ablauf hineingeboren; sie leben täglich mit ihm, bis der Höhepunkt erreicht ist, um dann die Gegenrichtung einzuschlagen und sich dem Tod zu nähern.

»Der Strom der menschlichen Geschäfte wechselt: Nimmt man die Flut wahr, führet sie zum Glück; versäumt man sie, so muss die ganze Reise des Lebens sich durch Not und Klippen winden.«[10]

Wir alle verfügen über einen begrenzten freien Willen, der diesen natürlichen Rhythmus beeinflussen kann. Sind wir in zu großer Eile, wird eine Gegenreaktion ausgelöst, die diesen Rhythmus stört. Die meisten von uns versuchen, durch zu große Eile diesen vorgegebenen Zeitplan der eigenen Ungeduld anzupassen, was den natürlichen Fluss dieses Rhythmus beeinträchtigt.

Eines Tages wurde mir in einem Wachtraum der »Weltschlag« oder der Rhythmus der Welt gezeigt und dass alle Lebewesen im Einklang mit diesem Rhythmus sind, nur der Mensch nicht. Er allein lebt, gerade wegen seines freien Willens, außerhalb oder getrennt von ihm. Diese Freiheit des Willens ist die Ursache des weit verbreiteten Verlustes an Harmonie im Leben eines jeden Menschen und folglich auch in globalen Angelegenheiten.

Aufgrund unseres freien Willens haben wir uns entschieden, dem Diktat unseres Egos zu folgen, und trennten uns vom Rhythmus der Welt. Wir identifizierten uns mit unserem physischen und geistigen Körper und haben somit den Kontakt zum Herzschlag der Welt unterbrochen, der uns mit unserer wahren Identität verbinden könnte, um eins zu werden mit dem Höheren Bewusstsein.

---

10 Shakespeare, Julius Caesar (4. Aufzug, 3. Szene)

Wir müssen umkehren und mit unserer wahren Identität wieder Kontakt aufnehmen, denn nur durch ihre Liebe und Macht können unsere Herzen wieder aktiviert werden. Frauen fassen diesen Entschluss leichter, da sie die natürliche Fähigkeit haben, die in ihr vorherrschende Yin-Energie (Aufnahmebereitschaft) mit der ihr ebenso eigenen Yang-Energie (Tatkraft) zu vereinen.

Da das Weltpendel zum Yang-Pol ausgeschwungen ist, müssen wir unbedingt alle Hindernisse aus dem Weg räumen, die ein reibungsloses Zurückschwingen hin zum Mittelpunkt (Zentrum) verhindern könnten, denn im Zentrum vereinen sich alle Gegensätze zu einem Ganzen. Nur hier ist es den Menschen, die sich aus der Abhängigkeit der materiellen Welt gelöst haben, möglich, über den Ausschlag des Pendels von einem Extrem zum anderen hinaus Bewusstheit zu erlangen und sich dem Sog jedweder Pole zu entziehen.

Alle Menschen, die diese Wahl treffen, könnten dann die Erfahrung machen, sich mit ihren gegensätzlichen Aspekten in einer inneren Hochzeit zu vereinen. Das Kind dieser Verbindung würde die neugeborene Fähigkeit sein, sich von der Kontrolle des Pendels und des direkten Einflusses des Welt-Herzschlages befreien zu können.

Nur wenn Frauen dieses Gleichgewicht erreichen, können sie die Liebe ausdrücken, die die wesentliche Essenz des Universums ist. Wenn sie dann diese Liebe durch sich hindurchströmen lassen, kann sie auch andere Menschen erreichen und auch sie werden sich, falls sie dazu bereit sind, mit dem Herzschlag der Welt wieder vereinen. Diese Rückbindung wird automatisch die Herzen anderer Menschen öffnen, und sie werden diese universale Kraft empfangen, die wir – aus Ermangelung eines zutreffenderen und weniger widersprüchlichen Wortes – Liebe nennen.

Dieses Öffnen der Herzen wird Blockaden entfernen, die verhindern, dass diese Liebe empfangen und mit anderen geteilt wird. Diese Umkehr wird gebotenermaßen langsam einsetzen, aber durch die wachsende Zahl der sich daran beteiligenden Menschen Impulse erhalten und an Geschwindigkeit gewinnen, bis sich der Lauf des Lebens verändert. Eine niemals zuvor erfahrene

Revolution wird einsetzen und ein neues Zeitalter einleiten, das die Propheten und Weltenlehrer als das Goldene Zeitalter bezeichneten. Es wird so sein, als ob viele Samen in die Mutter Erde gesät und durch die Energie des Sonnenvaters belebt wurden.

Wie können Frauen zur Heilung des Herz-Bypasses beitragen? Zunächst sollte jede Frau sich wieder mit ihrem eigenen Herzen verbinden und die Risse heilen, die seit vielen Jahrhunderten bestehen.

»Jeder wurde gleich erschaffen«, dieser Ausspruch ist zwar zutreffend, aber er trifft nur auf der Ebene des Höheren Bewusstseins zu, nicht auf der Ebene der Persönlichkeit, des Egos, des Körpers oder auf der Ebene des männlichen und weiblichen Aspektes. Wir alle haben die gegenwärtige Hülle (oder Behältnis) selbst geschaffen, in der das ewige Selbst (oder die Flamme) wohnt. Wir alle müssen den Inhalt unserer Persönlichkeit akzeptieren und daraus lernen. Durch unser Lernen kann er sich auflösen, und das Licht wird sich offenbaren, das in uns verborgen ist und darauf wartet, sich ausdrücken zu können.

Für Seelen, die in einer weiblichen Hülle wohnen, bedeutet das Herz (oder Yin) den natürlichen Weg zum Ganz-Sein oder zur Freiheit.

Männer und Frauen können mit Hilfe des Höheren Bewusstseins alle vier Funktionen, jeweils zwei Yang- und zwei Yin-Funktionen, dienstbar machen. Diese Funktionen müssen ausgeglichen werden, und das kann erreicht werden, wenn jede einzelne Funktion bestmöglich entwickelt wird.

Wie aber können Frauen diesen Prozess in Gang setzen, ihr Herz zu öffnen und somit anderen zu helfen, es ihnen gleichzutun? Es gibt bestimmte klare und einfache Methoden, die auch in der Beratung angewandt werden, um die Öffnung und Rückbindung des Herzens einzuleiten.

Liebevolles Zuhören wäre ein Anfang und würde zu einer erfolgreicheren Kommunikation ermuntern. Reden ist Yang, ein nach außen gerichtetes Handeln, während Zuhören Yin oder rezeptiv ist.

Denn, wie bereits erwähnt, es beklagen sich viele Menschen,

mit denen ich arbeite, seien es Kinder, junge Erwachsene, Menschen mittleren Alters oder alte Menschen, darüber, dass niemand ihnen wirklich zuhört, wenn sie etwas mitzuteilen haben. Das Zuhören, so glaube ich, ist vielleicht der hilfreichste Teil meiner Arbeit. Ich erinnere mich an einen jungen Mann von ungefähr fünfzehn Jahren, der mich aufsuchte. Er hatte viele ungelöste Fragen. Zuerst zögerte er, zu mir zu kommen, wie er mir später sagte, denn er wollte nicht schon wieder eine Lektion erhalten, die er von seinen Eltern zur Genüge bekam. Ich versicherte ihm umgehend, dass es nicht meine Absicht sei, ihm eine Lektion zu erteilen. Er konnte es kaum glauben und fragte: »Warum bin ich dann hier?« Ich schlug ihm vor, er möge mir seine Probleme vortragen und alle Fragen, die ihn und sein Leben betreffen. Ich versicherte ihm, dass alles, was er zu sagen bereit war, nur unter uns bliebe, falls er mir nicht ausdrücklich erlaubte, irgendetwas davon seinen Eltern oder anderen betroffenen Personen mitzuteilen. Außerdem fügte ich noch hinzu, es sei nicht meine Aufgabe zu urteilen, ihn zu kritisieren oder ihm zu sagen, was er zu tun hätte. Er war immer noch skeptisch, denn seine Erfahrung hatte ihn das Gegenteil gelehrt. Ich fragte ihn also: »Willst du es mit mir versuchen«? Er lachte und nahm es als fairen Handel an.

Es begann eine nicht enden wollende Flut aus ihm hervorzubrechen; er sagte alles, was er so lange in sich verschlossen hatte. Ich machte keine Bemerkungen, verhielt mich ruhig und urteilsfrei, aber dennoch unterstützend. Als er endlich zum Ende kam und sich mit einem tiefen Seufzer in den Stuhl zurücklehnte, strahlte ein Geistesblitz in seinem Gesicht. Nach einigen Augenblicken innerer Einsicht meinte er schließlich mit sanfter, zögernder Stimme, die völlig konträr zum ärgerlichen Tonfall seiner anfänglichen Tiraden war: »Ach! Ich habe alle meine Fragen selbst beantwortet, nicht wahr? Ich durfte einfach nur reden. Eigentlich habe ich die Antworten immer schon gewusst.«

Diese Situation trifft auf viele Menschen zu, besonders aber auf Jugendliche; sie alle sagen mir, dass ihnen niemand wirklich mit echter und ungeteilter Aufmerksamkeit zuhört.

Der nächste Schritt nach diesem *liebevollen Zuhören* wäre,

sich Gedanken darüber zu machen, wie hilfreiche Beobachtungen am besten vermittelt werden. Welche *Haken* haben sich offenbart, auf die ein Verbindungsseil geworfen werden kann? Es gibt nicht immer nur eine einzige Antwort auf diese Frage. Wichtig ist, Geduld zu haben, bis sich ein Weg für einen Vorschlag oder eine Information zeigt, bei der es »klickt«. Es wäre sinnlos, bereits früher zum nächsten Punkt überzugehen, denn jeder Schritt gleicht einem Sprungbrett für den nächsten. Kein einziger Schritt darf ausgelassen werden, denn jeder Schritt ist ein Schritt dem Ziel entgegen und mit einem Lernprozess verbunden. Abkürzungen sind, auf lange Sicht, wenig erfolgreich und daher Zeit- und Energieverschwendung. Besteht Klarheit darüber, dass ein bestimmter Schritt angenommen und verstanden wurde, muss als Nächstes absolut sichergestellt werden, dass beide Partner Antworten zu finden haben und nicht nur der *liebevolle Zuhörer*. Jeder kann die Antwort seiner eigenen Probleme in sich selbst finden. Aber nur, wenn wir das Höhere Bewusstsein um Hilfe bitten, kann Es uns auch die erbetene Hilfe schicken. Bevor wir das aber tun, müssen wir zuerst alle Aspekte der Situation genauestens überprüfen. Kommen wir trotz aller Bemühungen unseres bewussten Verstandes zu der Erkenntnis, dass wir die Probleme nicht lösen können, sind wir bereit aufzugeben und aus tiefem Glauben zu bekennen, dass wir die Antwort nicht wissen. Erst dann sind wir bereit, uns dem Höheren Bewusstsein zu beugen, denn wir haben die sich auf das Ego gründenden Gedanken aufgegeben und sind fähig, uns der Weisheit des Höheren Bewusstseins zu öffnen.

Die Aufgabe des Therapeuten ist es, die sich auf ihn verlassende Person allmählich zu entwöhnen, so dass sie sich selbst nach innen wenden kann, um dort die Weisheit zu finden, die stets verfügbar ist. Der Therapeut versucht eine gleichberechtigte Partnerschaft aufzubauen, in der beide das Höhere Bewusstsein um Hilfe anrufen. Es dreht sich nicht darum, das Problem für den Anderen zu lösen. Es sollte eher so sein: »Auch ich weiß die Antwort nicht; lass uns zusammen eine höhere Autorität befragen.«

Die vielen Schwierigkeiten, denen ich in meinem Leben begegnet bin, haben sich zu meiner großen Überraschung heute als ungeheurer Gewinn herausgestellt. Die Menschen spüren, wenn jemand aus eigener Erfahrung und nicht rein theoretisch spricht. Wenn Menschen sicher sein können, dass die andere Person ihr Problem nicht nur vom Hörensagen kennt, sondern ein ähnliches Problem in der Vergangenheit selbst erfolgreich durchgestanden hat, fassen sie Vertrauen, es auch anzupacken. Jede Kommunikation sollte einer Partnerschaft gleichen, in der jeder Partner die Gedanken des anderen teilt, um eine gemeinsame Antwort zu finden.

Kommunikation sollte auf »*wir*« gründen und nicht auf »*du*« oder »*ich*«. Nur so können die zwischen den Menschen errichteten Barrieren entfernt werden, die das Gefühl verursachen, isoliert und eingeschlossen wie in einer persönlichen Gefängniszelle zu sein. Auf der Ebene des Höheren Bewusstseins wurden wir alle gleich erschaffen. Nur auf der Ebene der äußeren Persönlichkeit stellen Menschen sich mit unterschiedlichen Verhaltensmustern, Eigenschaften und Gewohnheiten dar.

Es ist lächerlich, wenn irgendjemand sich für etwas Besseres hält. Jeder Mensch hat verschiedene Funktionen und Aufgaben und unterschiedliche schöpferische Kraft, die er mit anderen teilen sollte. Niemand hat einen höheren oder geringeren Wert. Nur auf dieser Basis kann Kommunikation erfolgreich sein. Fühlt sich aber einer dem anderen über- oder unterlegen, kann Kommunikation nicht frei fließen und ist von Anfang an zum Scheitern verurteilt.

Wir alle haben sehr unterschiedliche Erfahrungen gemacht, die uns die Gelegenheit gaben, etwas zu lernen. Diese Erfahrungen aber könnten auch anderen helfen und ihnen wieder Hoffnung geben, wenn sie bereit sind, sie auch anzunehmen. Ihnen kann so vermittelt werden, dass es möglich ist, eine Lösung für ihre Probleme zu finden, diese hinter sich zu lassen und sich anderen Aufgaben zuzuwenden, um die Blockaden ihrer Kreativität und ihres Handelns zu entfernen, unter denen so viele Menschen leiden.

Wir alle neigen dazu, schwierigen Problemen aus dem Weg zu gehen. Unterdrücken wir sie aber, fallen sie in unser Unterbewusstsein hinab und entziehen sich unserer bewussten Aufmerksamkeit, oder wir vergessen sie einfach. Eine andere Art, mit dem Schmerz ungelöster Probleme umzugehen, ist, ihn zu lindern oder abzutöten, so wie wir körperliche Schmerzen mit einer Tablette Aspirin behandeln. Auf diese Weise entstehen Süchte, die letztendlich eine tief greifendere Wirkung haben als das ursprüngliche Problem.

Verweigerung baut Spannung auf und kostet Kraft, die ursprünglichen Probleme verdeckt zu halten. Aus diesem Grunde sollten Probleme sofort in Angriff genommen werden. Vielleicht benötigen wir dazu die vorübergehende Unterstützung, Kraft und Ermutigung eines liebevollen Zuhörers, der uns hilft, das Gegebene als Lernmöglichkeit anzusehen. Haben wir daraus gelernt, können wir uns dem nächsten Schritt zuwenden.

Es ist niemals zu spät, auf ungelöste Probleme zurückzukommen, die weiteres Wachsen blockieren und einen Menschen in die verschiedenen Verweigerungstaktiken stürzen.

KAPITEL 19

Sicheres Nest oder eiserner Käfig?

Der so genannte weibliche *Nest*-Instinkt aller Spezies stellt sicher, dass sich die Jungen entsprechend geborgen fühlen, wenn sie noch zu klein sind, um den Widrigkeiten draußen in der Welt zu begegnen. Werdende Mütter der verschiedenartigen Spezies bereiten sich angemessen auf alle möglichen Bedürfnisse ihrer Jungen vor.

Ich erinnere mich noch, wie ich als Kind eine Henne beobachtete, die auf ihrem Nest saß, um die Eier auszubrüten, die sie bald legen würde. Auch weibliche Katzen und Hunde bereiten einen weichen und bequemen Platz vor, um ihre Kleinen auf die Welt zu bringen.

Menschliche Mütter sind gleichermaßen für die Hektik vor ihrer Niederkunft bekannt. Viele junge Mütter haben das Bedürfnis, das ganze Haus vor ihrer Niederkunft zu säubern. Bei einigen Müttern ist der Instinkt derart stark ausgeprägt, dass sie kurz vor der Geburt ihres Kindes sogar in eine andere Wohnung umziehen wollen, um ihrem hilflosen Baby ein sicheres Zuhause bieten zu können. Diese materiellen Vorkehrungen sind selbstverständlich wichtig, noch wichtiger ist aber die Vorbereitung auf einer subtileren Ebene, nämlich dem Neuankömmling, der die Familien-Szene betritt, einen warmen Empfang zu bereiten.

Alle oben aufgeführten Vorbereitungen tragen dazu bei, dem Kind ein Gefühl der Sicherheit zu geben, das wesentlich für eine befriedigende Entwicklung ist. Besteht das bequeme Nest jedoch zu lange, wird es zu einem eisernen Käfig und verhindert ein natürliches Wachsen, anstatt es zu fördern. Diese ungesunde Situation kann in Familien, aber auch in vielen Gruppierungen beobachtet werden, die mit humanitären Zielen beginnen, langsam aber in strenge Bevormundung ihrer Mitglieder abgleiten und so den Fortschritt beeinträchtigen.

Den Jungen aller Spezies werden durch das Beispiel ihrer

Eltern Überlebenspraktiken beigebracht, die sich als erfolgreich erwiesen haben. Sobald die Jungen jedoch alt genug sind und bewiesen haben, dass sie sich auf das von ihren Eltern eingeübte Verhalten verlassen und auf eigenen Füßen stehen können und die elterliche Aufsicht von nun an nicht mehr benötigen, werden sie aus dem Nest, dem Bau oder der Höhle gestoßen, um für sich selbst zu sorgen. Die Erfahrung, allein überleben zu können, gibt ihnen Selbstvertrauen. Diese Vorgehensweise ist für den Reifungsprozess absolut wichtig, um Selbstvertrauen aufbauen zu können.

Alle Spezies sind sich instinktiv der natürlichen Abfolge der Schritte bewusst, die sie zu unternehmen haben, um sich von einem hilflosen Kleinkind zu einem reifen Erwachsenen zu entwickeln. Wird einer der Schritte ausgelassen, unterbrochen oder zu lange hinausgezögert, wird sich das Individuum nicht normal entwickeln können und wird sich weiterhin auf die Hilfe und Führung der Eltern verlassen.

In ähnlicher Weise folgen menschliche Kinder klar umrissenen Schritten in ihrem Wachstumsprozess. Werden diese Schritte durch Krankheit, Unfall oder durch traumatische Ereignisse verzögert, kann das Kind die in einer bestimmten Zeit und in einem bestimmten Alter zu lernenden Fähigkeiten nicht entwickeln.

Ich erinnere mich in diesem Zusammenhang an die Arbeit des *Institute for the Development of Human Potential*, das von den Ärzten Dr. Carl Delacato und Dr. Glen Dolman in Philadelphia gegründet wurde. Das Programm dieses Institutes nutzte die natürlichen Fähigkeiten kleiner Kinder, kriechen und krabbeln zu können, zur Entwicklung neurologischer Koordination. Konnten kleine Kinder aus irgendeinem Grunde, sei es wegen einer Verletzung bei der Geburt oder eines anderen Traumas, nur bedingt krabbeln oder kriechen, half dieses Programm, die Krabbelphase nachzuholen. Man stellte fest, dass Kinder, die einen Schritt in der Kriech- und Krabbelphase ausgelassen haben, auf der Entwicklungsebene vor diesem Stadium stehen blieben. Es wurde eine Methode entwickelt, mit deren Hilfe Kindern wieder kindgemäßes Kriechen und Krabbeln lernen können, um die fehlenden

Schritte zu ergänzen. Selbst bei älteren Kindern waren die Ergebnisse äußerst ermutigend. Bei geistig stark zurückgebliebenen Kindern, deren Gehirn meist bei der Geburt verletzt wurde und die weder kriechen noch krabbeln konnten, wurde eine Methode – *patterning* – angewandt, die die fehlenden Schritte wieder ausglich. Gemäß dieser Methode bewegte ein Erwachsener die Arme und Beine in der entsprechenden Kriech- und Krabbel-Stellung und ein anderer Erwachsener bewegte den Kopf von einer Seite auf die andere im Rhythmus der Arme und Beine. Diese Methode wies erstaunliche Erfolge bis zu völliger oder teilweiser Gesundung auf, wobei hilfreiche Erwachsene die Eltern unterstützten, ihr Kind entsprechend neu zu programmieren.

Dieses Programm wurde ins Leben gerufen, um ein Fehlverhalten in der neurologischen Entwicklung heilen zu können, das durch außergewöhnliche Umstände verursacht wurde und den Reifungsprozess der Kinder behinderte.

In vielen Familien werden Kinder jedoch vorsätzlich aus unterschiedlichen Beweggründen von einem Elternteil oder von beiden auf ewig abhängig gehalten.

Ich kenne Mütter, die ihre Kinder am liebsten als drollige Säuglinge oder Kleinkinder mögen, von denen sie gebraucht werden, so dass sie aus purem Egoismus ihre Kinder nicht aus diesem Stadium herauswachsen lassen. Sie hassen es, wenn ihre Kinder größer werden und nach Unabhängigkeit zu streben beginnen. Am liebsten hätten sie immer einen Säugling, um den sie sich kümmern können. Entweder werden sie versuchen, ihre Kinder abhängig zu halten, oder sie werden weitere Kinder bekommen, so dass immer ein Kleinkind zu Hause ist, egal, ob sie sich mehrere Kinder leisten können oder nicht. Diese Einstellung hat mit Liebe überhaupt nichts zu tun, sondern mit absoluter Grausamkeit, die purem Egoismus entspringt. Kinder, die auf derart unreifer Ebene festgehalten werden, haben es schwer, sich in der Welt zurechtzufinden, und besonders dann, wenn ihre Eltern nicht mehr da sind, um sie zu führen und Entscheidungen für sie zu treffen. Im Namen der Liebe wurden diese Kinder buchstäblich von ihren Eltern verkrüppelt, die vorgaben, sie so sehr zu lieben.

Diese Verkrüppelung ist unsichtbar im Gegensatz zur körperlichen Verkrüppelung, die sichtbar und behandlungsfähig ist, und sie verursacht eine größere Hilflosigkeit bei Kindern, denn es wird von ihnen erwartet, sich normal zu verhalten.

Damit wir zu verantwortungsvollen Bürgern heranreifen können, muss uns als Kind anhand von Richtlinien der entsprechende Weg gewiesen werden, denn wir sind hilflos geboren und brauchen für unsere Entwicklung ein sicheres Umfeld. Werden Kinder jedoch älter, müssen sie aus dieser Abhängigkeit befreit werden.

Wenn Kinder ihre Familie nur widerwillig verlassen und schutzlos in die harte Wirklichkeit hinausgehen, werden sie möglicherweise am Arbeitsplatz oder im Umfeld ihrer Ausbildung einen Ersatz für diese Familiengeborgenheit suchen. Oder aber sie benutzen eine Krankheit als sicheres Nest, um andere zu zwingen, als Ersatzeltern zu agieren.

Manche erwachsenen Kinder bleiben lieber zu Hause, wo sie der Fürsorge sicher sind, und zögern sogar eine Heirat so lange hinaus, bis sie jemanden gefunden haben, der bereit ist, ihnen ein ähnlich sicheres Nest zu bieten.

Dies sind nur einige Beispiele für ein Nest, das zu lange zu sicher war, und die sich daraus ergebenden Folgen. Erwachsene Kinder sind in Abhängigkeit gefangen, und es ist schwer, dieser Situation zu entfliehen.

Aber nicht nur Eltern binden ihre Kinder an ein sicheres Nest, sondern auch viele Institutionen verfahren nach ähnlichem Muster. Sie werden zu dem Zweck gegründet, Menschen zu schützen, ihnen Sicherheit zu geben und ihnen zu helfen, und diese Menschen geraten dann unter ihre Kontrolle. Das ursprüngliche Motiv und Konzept waren durchaus lobenswert, das tatsächliche Resultat sieht aber leider oft anders aus.

Betrachten wir beispielsweise die Gewerkschaften, die ursprünglich zum Schutz der Arbeiter gegründet wurden. Sie sollten verhindern, dass Arbeitgeber die Arbeitnehmer durch zu lange Arbeitszeiten und zu geringen Lohn ausnutzten oder von ihnen erwarteten, unter unsicheren Bedingungen zu arbeiten. Anfänglich trugen die Gewerkschaften dazu bei, die Arbeitsbedingungen auf vielen Gebieten zu verbessern. Sie schufen auch für Unterprivilegierte sichere Arbeitsplätze. Aber ähnlich wie im Familiennest, gewannen die Gewerkschaften immer mehr Macht, nicht nur über die Arbeitgeber, sondern allmählich auch über die Arbeitnehmer, denen sie eigentlich helfen wollten. Der ausgelegte *Köder* war das Versprechen nach mehr Vorteilen, die nicht immer erfüllt wurden, im Tausch gegen den Verlust von Freiheit.

Auch Universitäten fallen in eine vergleichbare Kategorie. Sie wurden gegründet, um Studenten unter ihrer Schirmherrschaft Wissen zu vermitteln. Aber für Studenten, die nach einem ihrem Elternhaus vergleichbaren Nest suchen, werden sie zum eisernen Käfig. Abhängige junge Menschen verbleiben dort, obwohl sie schon längst ihr erworbenes Wissen hinaus in die Welt hätten tragen sollen, um es mit anderen zu teilen. Einige werden ewige Studenten, die Angst haben, die relative Sicherheit der Universität zu verlieren, die ihrem ständigen Bedürfnis nach einem Nest entgegenkommt.

Religiöse Institutionen können einen entsprechenden Einfluss auf ihre Mitglieder ausüben. Sie vermitteln anfänglich eine wundervolle, inspirierende Botschaft und versprechen Sicherheit, Wohlbefinden, Hilfe, Freiheit und Glück. Menschen versammeln sich unter ihrer Obhut in der Hoffnung, vor der bitteren Welt und ihren persönlichen Problemen Sicherheit zu finden. Aber anstatt zu lehren, dass jeder in sich selbst eine Quelle der Inspiration hat, wo er Hilfe und Führung finden kann, übernehmen einige Kirchenälteste die Kontrolle. Sie stellen unzählige Regeln für die Gemeinden auf und versprechen ihnen Erlösung, wenn diese befolgt werden. Auch hier wird ein sicheres Nest allmählich zum eisernen Käfig, in dem Gutgläubige wie Fische im Netz gefangen sind und Angst davor haben, sich zu befreien, obwohl sie wegen der gebrochenen Versprechen der Menschen, denen sie vertrauten, desillusioniert sind.

In Friedenszeiten bieten die einzelnen Armee-Abteilungen ebenfalls einigen Menschen ein bereitstehendes Nest. Ihre täglichen Bedürfnisse werden erfüllt, sie müssen nur wenige Entscheidungen treffen und der tägliche Ablauf ist vorbestimmt. Sie begeben sich in ein Leben mit wenig Unsicherheit. Der ursprüngliche Zweck des Militärs war, der Bevölkerung Schutz und Sicherheit zu garantieren. In verhältnismäßig friedlichen Zeiten wird auch dieses Nest zur Falle, denn eine Karriere beim Militär kann die nationalen Beschützer in ihren eigenen, eisernen Käfig einschließen.

Diktaturen sind ein weiteres Beispiel. Eine wohlmeinende Vaterfigur verspricht ihrem Volk, es aus der Armut hinauszuführen, vor Mangelernährung und Unterdrückung zu schützen, wie ein liebevoller Vater für es zu sorgen und verspricht ihm Sicherheit. Selbstverständlich sind die Unterprivilegierten von diesen Versprechungen beeindruckt und hoffen, dass ihr eigenes Los und das ihrer Familien verbessert wird. Was haben sie denn schon zu verlieren, wenn sie so bedürftig sind? Aber wie für viele andere Versprechen ist der zu bezahlende Preis der Verlust der eigenen Freiheit und für viele wird der Preis zu hoch.

Wann immer eine Regierungsbehörde oder Organisation die Freiheit der Menschen beschneidet, selbst etwas zu unternehmen und eigene Verantwortung zu übernehmen, wird das Nest automatisch zur Falle.

Das Sozialhilfe-System ist auch ein Beispiel für eine Hilfs-Institution, die nicht tolerierbare Bedingungen für alle Betroffenen schafft; für Sozialhilfeempfänger gleichermaßen wie für die Allgemeinheit, die durch immer höhere Steuern diese Institution zu finanzieren hat. Wie andere Institutionen wurde auch die Sozialhilfe ursprünglich ins Leben gerufen, um in Not geratene Menschen, die sich und ihre Familien nicht versorgen konnten, vorübergehend finanziell zu unterstützen. Wird diese Unterstützung jedoch auf unbestimmte Zeit fortgesetzt, werden diese Menschen der Chance beraubt, ihr eigenes Schicksal zu verbessern und unabhängig von dieser Hilfe zu werden; sie leben weiter auf einem bedauernswert tiefen Niveau.

Zu meiner Überraschung habe ich Menschen kennen gelernt, die das Krankenhaus und psychologische Institutionen als Nest benutzen, um sich dem Leben nicht stellen zu müssen. Manche Menschen ziehen es vor, in derartigen Institutionen umsorgt zu werden, anstatt eigene Fähigkeiten zu entwickeln, um unabhängig und frei zu werden.

Auch Gefängnisse können beispielsweise als Alternative zur Unabhängigkeit benutzt werden, und obwohl Gefängnisse durchaus keinem bequemen Nest entsprechen, bieten sie den Insassen oft ein sichereres Leben, als sie es vor der Verwahrung hatten.

Sogar Atomwaffenbesitz kann der Bevölkerung eines Landes vortäuschen, sicher vor den Angriffen anderer Länder zu sein und vor den Schrecken und den damit verbundenen Entbehrungen eines Krieges bewahrt zu werden.

Nester, die zu eisernen Käfigen wurden, tragen zum persönlichen Herz-Bypass bei, denn sie belassen diejenigen, die in den Käfigen gefangen sind, auf einer unreifen Entwicklungsebene. Das Herz erhält nicht die Möglichkeit, sich zu öffnen und anderen gegenüber Liebe auszudrücken.

Teil II

Der Herz-Bypass in öffentlichen Einrichtungen

KAPITEL 20

Der Herz-Bypass in der Bildung

Wir haben bis jetzt nur die Wirkung des Herz-Bypasses in den verschiedenen zwischenmenschlichen Beziehungen unseres persönlichen Lebens untersucht. Aber wir werden auch durch viele unpersönliche Faktoren konditioniert und müssen deshalb den Einfluss mangelnder Fürsorge in der Wirtschaft, in Organisationen, Behörden, Institutionen und Körperschaften, um nur einige Beispiele anzuführen, auf unser Leben untersuchen. Sie haben über uns Gewalt, ob wir es wahrhaben wollen oder nicht, und wir können ihnen weder entrinnen noch sie ignorieren, denn jede dieser Institutionen ist ein Teil unserer Gesellschaft und bestimmt in hohem Maße unsere Lebensqualität – ob positiv oder negativ – und somit auch die unseres Landes.

Wenn wir diese gigantischen Institutionen betrachten, ist es nur allzu offensichtlich, dass es dort nur wenig Liebe geben kann. In diesen Konglomeraten Veränderungen herbeiführen zu wollen, scheint, um es milde auszudrücken, eine äußerst entmutigende Aufgabe zu sein. Schon der Versuch allein, diese so notwendigen Veränderungen zu bewirken, scheint aussichtslos angesichts dieser komplexen Probleme. Wenn es jedoch nur einem einzigen Menschen gelänge, sein Herz mit der Liebe wieder zu vereinen und mehr Rücksicht und echte Fürsorge in seinem kleinen Arbeitsbereich walten zu lassen, gliche es dem Stückchen Hefe, das einen großen Teig aufgehen lässt, damit daraus Brot gebakken werden kann.

Zuerst sollten wir unser eigenes Leben überprüfen und feststellen, ob wir in unseren Beziehungen zu dem Herz-Bypass beitragen. Falls ja, sollten wir nicht darauf warten, perfekt zu werden und uns auch nicht schuldig fühlen für unsere verschlossenen Herzen, sondern wir sollten beginnen, unser Herz wieder mit der Liebe zu vereinen. Die Menschen, denen wir begegnen, werden es bewusst oder unbewusst spüren. Wenn Menschen uneigennütziger Liebe begegnen, werden sie wie Blumen in der Sonne aufgehen, denn viele sehnen sich nach dieser Nahrung.

Die Veränderungen können quälend langsam voranschreiten, denn lebenslange Gewohnheiten können nicht so schnell aufgegeben werden. Allmählich aber wird das Schneeball-System in Gang gesetzt; ein kleiner Schneeball beginnt zu rollen, gewinnt an Geschwindigkeit und nimmt beim Rollen immer mehr Schnee auf. Ein kleiner Anfang wird sich ausweiten und immer mehr Menschen erreichen, die vielleicht, ohne es zu wissen, auf eine Chance gewartet haben, um ihre Lebensqualität zu verbessern: liebevollere und bedeutungsvollere Beziehungen mit anderen einzugehen.

Viele kleine Anfänge können ein Netz bilden, das sich über die ganze Welt spannen wird. Die Menschen, die daran teilnehmen, müssen sich nicht unbedingt kennen, aber jeder einzelne Mensch kann wie eine kleine Lampe sein, die Licht in die Dunkelheit bringt. Aus diesem Grunde wollen wir nun die vielen Gebiete betrachten, auf denen Handeln geboten ist.

Zuerst sollten die Bildungssysteme weltweit überprüft werden. Sie sind die Brutstätten für die Entwicklung unserer Kinder. Junge Menschen aller Nationen könnten die notwendigen Veränderungen initiieren, wenn sie auf diese Aufgabe richtig vorbereitet würden. Gegenwärtig lernen Studenten auf der ganzen Welt an Schulen und Universitäten, den Herz-Bypass beizubehalten und sich ausschließlich mit dem Verstand zu befassen und das Herz zu vernachlässigen. Dieses System verursacht in jedem Studenten ein Ungleichgewicht zwischen Yin und Yang und somit auch in der sie umgebenden Welt. Um die notwendigen Veränderungen zu erleichtern, müssten alle Studenten eine ausgewogenere Bildung genießen, um sich auf die künftigen Veränderungen besser vorbereiten zu können. Baba sagt: »Bildung ist nicht nur zum bloßen Lebensunterhalt da, sondern auch für ein erfüllteres und bedeutungsvolleres Leben.«

Heute werden kleine Kinder bereits im Kindergarten zum Konkurrenzdenken angeleitet und viele Eltern beginnen ihre Kinder gleich nach der Geburt entsprechend zu konditionieren. Junge

Eltern vergleichen ihre Kinder mit denen ihrer Freunde und Bekannten, um festzustellen, ob ihre eigenen Kinder dieselben Fortschritte machen. Sie beobachten frühkindliche Entwicklungsschritte, die in diesem Alter naturgemäß bei jedem Kind variieren. Die Eltern sind persönlich betroffen, wenn ihr Kind nicht zur gleichen Zeit laufen oder sprechen lernt wie andere Kinder. Kinder spüren dieses Konkurrenzdenken ihrer Eltern sofort und reagieren unterschiedlich darauf. Manche bemühen sich, ihren Eltern durch Übertreibung zu gefallen, andere rebellieren und weigern sich, in Konkurrenz zu treten, und wieder andere werden aus Angst zu versagen erst gar nicht versuchen, in Konkurrenz zu treten.

Diese frühen Verhaltensmuster reichen bis ins Erwachsenenleben hinein, wenn sie nicht irgendwann erkannt werden und ihr hemmender Einfluss überwunden wird. Das gegenwärtige Bildungssystem verschärft dieses Problem und prägt das Konkurrenzdenken noch tiefer in die Studenten ein, die bereits von ehrgeizigen und wetteifernden Eltern programmiert wurden.

Diese Art der Machtausübung wurzelt im Eigennutz und in mangelnder Fürsorge um das Wohlergehen der Kinder. Eltern müssen erkennen, dass das Bedürfnis eines jeden Kindes wichtiger ist als ihr persönlicher Eigendünkel. Sie müssen als Eltern stark sein, um diese starre Konditionierung zu missachten. Je mehr sich Eltern aber um das Wohlergehen ihrer Kinder sorgen und nicht nur um deren schulische Leistungen, desto eher werden sie mit diesen überlieferten Ansichten brechen. Wenn immer mehr Eltern dieses Konzept akzeptieren, werden sie gemeinsam entsprechend einflussreich werden, um ein anderes Bildungssystem zum Wohle ihrer Kinder durchzusetzen.

Es bedarf nur des Anstoßes durch einen einzigen Menschen, um den Ball ins Rollen zu bringen. Wenn Schulen und Universitäten ihr gegenwärtiges System verändern und nicht nur die Leistungen des Verstandes betonen und das Herz ignorieren würden, wären mehr junge Menschen bereit, durch die Rückbindung ihres Herzens ihr Bewusstsein zu erweitern.

Sai Baba hat diesen Prozess in Indien bereits eingeleitet. In seinem Ashram in Andhra Pradesh gründete er Schulen ab dem Kindergarten bis hin zur Universität. Sie basieren auf seinem Programm der menschlichen Werte, die zusätzlich zu allen anderen akademischen Fächern gelehrt werden. Die Studenten, die nach Babas revolutionärem Programm ausgebildet wurden, gehen gut gerüstet in die Welt hinaus, um die notwendigen Veränderungen voranzubringen, wo immer sie auch arbeiten mögen. Sie werden durch ihr eigenes Beispiel Änderungen bewirken, denn die Menschen werden beobachten, wie sie die fünf Grundwerte aus Babas Programm in ihr Handeln einbeziehen. Durch ihr Streben nach Aufrichtigkeit, nach korrektem Handeln in jeder Lebenslage, durch ihr Streben nach Liebe, die sie ihrer Umwelt und ihren Mitmenschen aus innerem Herzen entgegenbringen; in ihrem Streben nach Friedfertigkeit, auch wenn Provokationen negatives Handeln herausfordern sollten, und in ihrem Streben nach Vermeidung jeglicher Gewalt (sei sie geistiger, emotionaler, verbaler oder physischer Art) werden sie ein Beispiel für andere sein.

Im Gegensatz hierzu beginnen die meisten Studenten ihren künftigen Beruf beladen mit Verhaltensmustern, die ihnen frühzeitig durch Eltern und andere Familienmitglieder und später dann durch die Ausbildung an Schulen und Universitäten eingeprägt wurden. Das gegenwärtige System hat offensichtlich versagt, denn die Studenten fühlen sich in der Regel nach Beendigung ihrer Ausbildung unzufrieden, unerfüllt und richtungslos. Das einseitige, begrenzte und mechanische Leben, das uns umgibt, bringt weder glückliche Menschen hervor, noch hilft es dem Zustand der Welt.

Der erste Schritt, diesen Zustand zu korrigieren, wäre, das Bildungssystem neu zu gestalten. Nur wenn wir unsere Wertmaßstäbe ändern und unsere Herzen öffnen, können wir auch die Welt verändern und den Menschen wieder Hoffnung und Mut geben, selbst menschlicher zu werden.

KAPITEL 21

Regierung ohne Herz

Das Bildungswesen ist nur eines der vielen Gebiete, die von der Regierung kontrolliert werden und für die sie Gelder zur Verfügung stellt. Demzufolge beeinflusst die Mehrheit der Regierungsmitglieder die entsprechende Zuteilung der vorhandenen Gelder für die einzelnen Programme. Da aber die verschiedenen Mitglieder der Regierung selbst ein Produkt des gegenwärtigen Schulsystems sind, leiden auch sie unter dem Herz-Bypass und der Überbewertung intellektueller Erfolge. Sie wurden dazu erzogen, mit dem Verstand zu entscheiden und nur selten mit dem Herzen. Politische Entscheidungen werden fast ausschließlich verstandesmäßig getroffen, ohne das Wohl der Wähler dabei zu berücksichtigen.

Aber noch viele andere Faktoren beeinflussen Regierungsentschlüsse. So sind beispielsweise die Männer und Frauen einzelner Regierungsfraktionen, genau wie alle anderen Menschen, auf ihren eigenen Vorteil und ihre persönlichen Interessen bedacht. Bedeuten anstehende Entscheidungen einen Verlust ihrer Position und somit auch ihres Einkommens, werden sie zögern, entsprechend zu handeln.

Es ist interessant zu beobachten, dass, wann immer die Frage auftaucht, ob die vielen Programme, die unser Leben direkt beeinflussen, auch wünschenswert sind, unweigerlich geantwortet wird: »Wir geben den Menschen, was sie wünschen.« Ein Teufelskreis. Wenn nicht mehr Menschen ihre Rechte wahrnehmen und die verschiedenen Entscheidungen hinterfragen, kann sich diese Situation auch nicht zum Guten wenden.

Diejenigen unter uns, die sich um das gegenwärtige und zukünftige Wohlergehen ihrer Familien und aller Menschen in der Welt sorgen, müssen die Gelegenheit ergreifen und sich gegen die immer stärker werdende, allumfassende Machtausübung wehren; sie gleicht einem riesigen Gehirn oder Computer, der gefühllos auf die Bedürfnisse der Menschen nach Lebensqualität reagiert, die im Gemeinwesen und im Staat leben.

Es ist absolute Zeitverschwendung, die Regierung für unsere Probleme verantwortlich zu machen. Wir alle sind indirekt mitverantwortlich und müssen die Probleme angehen und versuchen, sie zu lösen, indem wir uns Gehör verschaffen. Veränderungen vollziehen sich nicht auf wundersame Weise, wir müssen sie gemeinsam einfordern. Baba sagt: »Entweder erzieht und verändert die Regierung die Menschen oder die Menschen erziehen und verändern die Regierung.«

Es ist nicht die Absicht dieses Buches, alle Bereiche unseres Lebens aufzuzählen, die durch das Denken und Planen der Menschen bestimmt werden, die die Macht dazu besitzen. Ja, die Kraft des Herzens ist verloren gegangen, wo immer wir auch hinschauen. Aber die Menschen unter uns, die das erschreckende Ausmaß dieser Lieblosigkeit begreifen, werden auch diejenigen sein, die kleine Veränderungen durchzusetzen beginnen. Diese kleinen Veränderungen werden sich ausweiten und die so dringend notwendige Wende auf allen Lebensgebieten herbeiführen.

Wir sind nicht hilflos und unbedeutend, denn unsere wahre Identität ist grenzenlos, wenn wir das Höhere Bewusstsein anrufen und Es bitten, sich in unseren Gedanken, Gefühlen, Worten und Taten jeden Tag in unserem Leben zu manifestieren. Wo immer wir leben und arbeiten, *können* wir etwas verändern, es liegt nur an uns, diese Tatsache zu akzeptieren und entsprechend zu handeln. Bitten wir unser Selbst um Führung, so werden wir von ihm geführt.

KAPITEL 22

Der Herz-Bypass im Finanzwesen

Welche Rolle spielt das Geld im Hinblick auf den Herz-Bypass? Als Baba mich zu einem Interview bat, um mir das Programm zur Begrenzung der Wünsche zu erläutern, stellte er die Rolle des Geldes klar, die von so vielen Menschen missverstanden wird.

Er sagte, dass das Geld als solches nicht die Wurzel allen Übels sei, so wie allgemein angenommen wird. Er erklärte, dass Geld eine Art Energie und wie jede andere Energie neutral sei – weder gut noch böse. Zum Beispiel kann Elektrizität dazu benutzt werden, ein Haus zu heizen, Essen zu kochen und einen Raum zu erleuchten. Dies, da sind wir uns einig, ist alles positiv. Sie kann aber auch dazu benutzt werden, um zu verletzen und sogar um zu töten.

In ähnlicher Weise, so fuhr Baba fort, ist die Nahrung eine Art Energie, denn einerseits ernährt sie den Menschen, der sie zu sich nimmt, und andererseits kann sie Krankheit oder sogar den Tod verursachen, wenn sie verunreinigt oder verdorben ist.

Wenn also Geld auch Energie und daher neutral ist, warum wurde es dann über Jahre hinweg als Quelle allen Übels betrachtet? Das Geld an sich ist nicht übel, sondern die Art und Weise, wie es von Menschen verwendet wird, die dafür Verantwortung tragen. Es kann entweder positive oder negative Auswirkungen haben. Das hängt von der entsprechenden Absicht derjenigen ab, die es benutzen. Nicht das Geld als solches ist wohltätig oder übel, sondern diejenigen, die es verwenden. In den richtigen Händen kann es zu einem großen Segen werden, in den falschen Händen zu einem wahren Fluch. Wir werden untersuchen, wie es verwerflichen Zwecken dient und wie es dem Geber und dem Empfänger zum Wohle gereicht.

Baba lehrt, dass Geld nicht verschwendet werden, sondern in den Dienst der Menschlichkeit gestellt werden sollte, um unsere Lebensbedingungen zu verbessern. Viele Menschen verwenden

Geld, um weitere Abhängigkeiten anzuhäufen; sie erwerben einen Besitz nach dem anderen in der Hoffnung, Sicherheit zu finden. Dieses Besitzstreben gleicht dem Versuch, ein äußerst schweres Gepäckstück tagaus, tagein ein ganzes Leben lang mit sich herumzuschleppen, ohne auch nur einen Augenblick von seiner Last befreit zu werden. Diese Einstellung muss eines Tages zu einer bitteren Enttäuschung und einem Gefühl der Leere führen, denn materieller Besitz kann nicht ewig befriedigen; sein ureigenes Wesen ist vergänglich.

Wie alle anderen Formen der Energie wird auch Geld verschwendet und in jedem Lebensbereich überall in der Welt unangemessen verwendet. Wenn diese weit verbreitete Verschwendung eingestellt werden könnte, würden alle Menschen auf der Welt davon profitieren. Wir können jedoch nicht andere Menschen oder die Regierung kritisieren, wenn wir selbst Geld verschwenden.

Baba hat das Programm zur Begrenzung der Wünsche angeregt, um lernwilligen Menschen auf vorbildliche Weise dabei zu helfen, ihren Beitrag zu leisten, um Verschwendung zu verhüten, und zwar auf den Gebieten des Geldes, der Nahrung, der Zeit und der Energie. Nur wenn wir sein Programm anwenden, können wir auch etwas bewegen, und wenn sich unser persönlicher Beitrag mit den Bemühungen vieler tausender gleich gesinnter Menschen multipliziert, wird dieses Bestreben eine außerordentlich starke Wirkung haben.

Menschen, die aus Babas Programm irrtümlicherweise den Schluss ziehen, wir sollten in erbärmlicher Armut leben, sind weit von der Wahrheit entfernt. Zu vielen Menschen wurde vermittelt, dass Armut Hand in Hand mit Spiritualität einhergehe und dass es nicht »spirituell« sei, Geld und Besitz zu haben. Der irrige Glaube, Armut sei der bessere »spirituelle« Weg, aber von anderen Menschen dann zu erwarten, die eigenen Bedürfnisse zu erfüllen, kommt eher einer Blockade der spirituellen Entwicklung gleich. Geld zu haben oder auch nicht zu haben ist nicht das Problem. Es kann zum Hindernis auf unserem inneren Weg werden, wenn wir abhängig von ihm sind hinsichtlich unserer Sicherheit oder wenn es uns beherrscht. Werden wir aber nicht vom Geld beherrscht, dann können wir es auf verschiedene Weise wohltätig ausgeben. Dann wird Geld zum Segen und nicht zu einem Hindernis auf unserem eigenen Weg.

Baba betont die Notwendigkeit von *seva* oder des Dienstes am Nächsten. Dies bedeutet, unser Handeln sollte dem Motiv entspringen, dem Nächsten zu dienen und nicht der Höhe des Geldbetrages, den wir für unsere Arbeit erhalten. Die gegenwärtig vorherrschende Einstellung, so wenig wie möglich zu arbeiten, um so viel Geld wie möglich zu verdienen, muss sich ändern. Wenn immer mehr Menschen ihre Arbeit als Dienst am Höheren Bewusstsein betrachten und zulassen, dass Es durch sie handelt, wird sich der allgemeine Umgang mit Geld auch verbessern. Dann wird genügend Geld vorhanden sein, um den Menschen zu dienen, wie beispielsweise durch die Bereitstellung eines entsprechenden Budgets für das Bildungswesen oder anderweitige Projekte.

Wir sollten die sinnlose Angewohnheit aufgeben, andere Menschen, das Schicksal oder die Regierung für die herrschenden Missstände verantwortlich zu machen. Wir sollten damit beginnen, unser eigenes Leben in Ordnung zu bringen.

Wir alle neigen dazu, unseren Besitz mit uns herumzutragen. Selbst die Menschen in unserem Leben behandeln wir wie unseren Besitz. Wir sollten uns stets daran erinnern, dass sie uns nur für dieses gegenwärtige Leben geliehen wurden, damit wir von ihnen lernen können. Nach Babas Worten sollten wir bereit sein, unseren Besitz, unsere Abhängigkeiten und alle Eigenschaften, die wir auf unseren Schultern tragen, über Bord zu werfen, denn sie verdunkeln unsere Sicht und verhindern, dass unser Weg zurück, zur Vereinigung mit unserem Ursprung, erleuchtet wird.

Unser Leben scheint ohne Besitz einfacher zu sein; haben wir aber Besitz und werden nicht von ihm beherrscht, kann er tatsächlich unserem Reifungsprozess dienlich sein.

Kapitel 23

Verschwunden – lange verlorenes Gepäck

Ich habe eine recht interessante persönliche Erfahrung gemacht, als ich kürzlich in Deutschland ohne Gepäck ankam. Ich plante, einen Monat lang Seminare über meine Arbeit zu halten und in verschiedenen Sai-Zentren zu sprechen.

Zu Beginn meiner Reise checkte ich meine Koffer am Flughafen von Los Angeles ein, sah sie auf dem Rollband verschwinden und erhielt die üblichen Gepäckabschnitte, mit denen ich sie bei Ankunft am Reiseziel wieder finden könnte. Als ich jedoch am Frankfurter Flughafen ankam, erschien der große Koffer, in dem ich meine Kleidungsstücke für einen Monat eingepackt hatte sowie einige Gegenstände, die ich in den Seminaren benutzen wollte, nicht auf dem Gepäckband. Ein Freund, der mich abholte, half mir bei der Verlustanzeige des Koffers, das Flughafenpersonal recherchierte, der Koffer aber wurde nicht gefunden. Man versicherte mir, dass der Verlust des Koffers über das weltweite Computersystem gemeldet werden würde und dass, sobald der Koffer gefunden worden sei, er mir überallhin nachgesandt werden würde.

Entsetzt stellte ich fest, dass ich meine Reise ohne Koffer fortsetzen musste. Ich hatte nur die Kleider, in denen ich gereist war, und einen Ersatz in meinem Handgepäck. Wie sollte ich einen Monat lang Seminare und Reden bei dem kalten Wetter halten, das zu dieser Jahreszeit in Deutschland herrschte, und wo in vielen Gegenden, die ich besuchte wollte, noch Schnee lag? Was für ein Dilemma!

Schnell erkannte ich jedoch, dass ich mein Verhalten frei wählen konnte, denn, wie ich gelernt hatte, liegt es an uns allein zu entscheiden, wie wir auf entsprechende Situationen reagieren. In diesem Fall war ich mit einem scheinbar unlösbaren Problem konfrontiert; wie sollte ich mich verhalten? Ich könnte die Fassung verlieren und wütend auf die Fluggesellschaft werden, dass mein Gepäck verloren ging, aber was würde es nützen? Ich würde nur nervös werden und mich aufregen, aber es würde meinen Koffer nicht zurückbringen. Ich könnte vor Selbstmitleid über den ungerechten Verlust des Koffers in Tränen ausbrechen, denn ich reiste doch lange Strecken per Flugzeug in andere Länder, um die mich gelehrten Methoden mit anderen zu teilen. Ich könnte auch fragen: »Warum passiert mir so was?«, und könnte über mein Schicksal deprimiert sein. Aber eine solche Einstellung hätte auch keine Lösung gebracht. Durch meine Arbeit habe ich gelernt, nicht anderen Menschen, dem Schicksal oder äußeren Bedingungen die Schuld zuzuweisen, sondern mich zu fragen, was aus jedem Ereignis gelernt werden könne und welche Einstellung unter den gegebenen Umständen angemessen sei. Ich habe diese Übung mit anderen geteilt und jetzt, das wusste ich, musste ich sie auch für mich selbst anwenden.

Ich wandte mich von dem Problem ab und suchte Hilfe in mir. Ich nahm so die Last von meinen Schultern und übergab sie dem Höheren Bewusstsein oder Baba in mir, der genau wusste, warum dies geschah, welche Lehren ich daraus zu ziehen hatte und wie es weitergehen sollte. Ich sagte im Geiste: »Ich werde einen Monat lang in Deutschland bleiben, um Seminare über meine Arbeit und Reden in Sai-Zentren zu halten. Ich habe alles getan, um die Koffer wieder zu finden, aber vergebens. Bitte, hilf mir.« Auf diese Weise habe ich das Problem buchstäblich abgegeben, ich war erleichtert und konnte leichten Herzens vorwärts gehen und die Angelegenheit als Witz betrachten.

Ich versuchte Ersatzkleidung zu kaufen, wurde aber in jedem Geschäft mit der Botschaft empfangen, dass alle warmen Kleidungsstücke bereits im Winterschlussverkauf verkauft worden und nur Sommersachen erhältlich seien. Das nützte mir bei dem kalten Wetter wenig, besonders in den Gegenden, wo noch Schnee lag.

Dann geschah etwas ganz Erstaunliches. Mehrere Frauen, die ich bereits kannte oder die von meiner Situation gehört hatten, schenkten oder liehen mir Kleidungsstücke, die ich während meines Besuches tragen konnte. Durch ihre Freundlichkeit wurde mir das gegeben, was ich brauchte. Sogar ein Bild von Baba wurde mir geschenkt mit der Bemerkung, dass mein Bild sicherlich auch im Koffer gewesen sei, was auch zutraf.

Dieser Vorfall hat ohne Zweifel bewiesen, dass wir das bekommen, was wir brauchen. Wir müssen nur dazu bereit sein, in uns um Hilfe zu bitten. Viele Menschen sagten mir, dass diese Lektion auch für sie lehrreich war.

Egal, ob wir einen so genannten Besitz oder einen geliebten Menschen verlieren: Sie begleiten uns nur vorübergehend in diesem Leben, damit wir voneinander lernen. Wir dürfen sie nicht festhalten und sollten jederzeit bereit sein, sie wieder loszulassen, wann immer die Zeit dazu gekommen ist. Denn Baba sagt: »Freiheit bedeutet Unabhängigkeit von äußeren Dingen. Jemand, der auf die Hilfe eines anderen Menschen angewiesen ist und von einer Sache oder von Umständen abhängig ist, ist deren Sklave. Absolute Freiheit ist niemandem auf der Welt gegeben, denn die eigentliche Bedeutung des sterblichen Lebens liegt in der Beziehung und der Abhängigkeit voneinander. Je weniger Wünsche, desto größer die Freiheit. Daraus folgt: Absolute Freiheit ist gleich absolute Wunschlosigkeit.«

Das bedeutet aber nicht, dass wir keine Beziehungen und keinen Besitz mehr haben sollten, denn dieser scheinbar einfache Verzicht wäre nur eine Flucht vor den Erfahrungen, die wir durch sie machen müssen. Wir können nicht im luftleeren Raum leben. Wir brauchen Menschen und Dinge als unsere Lehrer und als Lebensübung. Wie Baba sagt, hindert uns unsere Abhängigkeit von ihnen daran, frei zu sein.

Nach dem Verlust meines Koffers verhandelte ich mit der zuständigen Versicherung. So konnte ich aus erster Hand erfahren, wie der Herz-Bypass in Versicherungsgesellschaften funktioniert.

Ich selbst versuche in allen meinen Lebensbereichen so eng wie möglich mit Babas Lehren und meiner Wachtraum-Arbeit zu leben. Also füllte ich sehr genau die vielen Formulare aus, legte so viele Kaufbelege wie nur irgend möglich bei und überprüfte in verschiedenen Geschäften die Wiederbeschaffungskosten der verlorenen Gegenstände. Naiverweise glaubte ich, dass mein Anspruch keine Probleme bereiten würde, da ich jahrelang regelmäßig meine Prämien gezahlt und bis dahin auch keinen größeren Verlust gemeldet hatte.

Wie Unrecht ich hatte! Trotz meiner Sorgfalt und Aufrichtigkeit, mit der ich die Formulare ausgefüllt hatte, wurden mir weitere Auflagen gemacht. Ich wurde gebeten, zusätzliche Beweise für den Kauf der aufgelisteten Gegenstände und Kleider vorzulegen. Nachdem ich noch mehr Formulare ausgefüllt hatte, wurde mir mitgeteilt, ich sollte Fotografien von mir in den entsprechenden Kleidern schicken und auch eidesstattliche Versicherungen von Menschen, dass sie mich in diesen Kleidern gesehen hätten. Daraufhin nahm ich energisch meine Rechte als Versicherungsnehmer wahr, der regelmäßig seine Prämien gezahlt hatte und nicht versuchte, die Gesellschaft zu betrügen.

Baba sagt, wenn wir Unrecht übersehen, nicht darauf hinweisen oder es nicht korrigieren, sind wir im gleichen Maße für dieses Unrecht verantwortlich wie der, der es begeht. Ich bat daraufhin den Versicherungsvertreter, mir die Angelegenheit zu erklären. Er teilte mir mit, dass diese scharfen Bestimmungen auf die Unehrlichkeit von Menschen zurückzuführen ist, die einen ähnlichen Verlust erlitten haben, aber unwahre Angaben darüber gemacht hatten. Sie haben teure Gegenstände aufgelistet, die sich gar nicht in ihrem verlorenen Koffer befanden. Die Unehrlichkeit einiger skrupelloser Menschen verursacht für diejenigen Schwierigkeiten, die ihre Verluste wahrheitsgetreu angeben.

Dieser unglückliche Umstand zeigt, wie Menschen mit verschlossenem Herzen eine Gesellschaft veranlassen können, eine Firmenpolitik zu betreiben, die wiederum das Herz umgeht.

Noch einmal: Wir können nur unser eigenes Leben betrachten, um sicher zu sein, ob wir selbst aus dem Herzen heraus handeln. Diejenigen unter uns, die für die Firmenpolitik zuständig sind, sollten jedoch versuchen, jede Entscheidung mit offenem Herzen zu treffen und nicht nur kopfbetont zu handeln und Menschen wahllos auszuschließen, die Hilfe brauchen, nur weil einige unehrliche Menschen Probleme in der Vergangenheit verursacht haben. Wir anderen sollten die Folgen unseres Handelns in Betracht ziehen und andere nicht übervorteilen, weder unpersönliche große Versicherungsgesellschaften noch private, kleinere Firmen in unserem Umkreis.

Kapitel 24

Der Mythos »Sie lebten glücklich bis ans Ende ihrer Tage«

Eines Tages wurde mir in einem Wachtraum die ungeheuer große Gedankenform verbildlicht, die sich um den Mythos gewoben hat, dass, wenn wir nur den richtigen Partner träfen, wir glücklich wären bis ans Ende unserer Tage. Zunächst lernte ich, dass Märchen und Mythen dem Wunsch nach einem inneren Partner entsprechen und nicht dem Wunsch nach einem äußeren Partner, der unsere Bedürfnisse erfüllt. Wir sollten auf die innere Suche gehen, um den anderen Teil unseres Selbst zu entdecken, und uns mit diesem inneren Teil verbinden, um heile Menschen zu werden. Durch eine innere Hochzeit werden diese getrennten Teile unseres Selbst sich letztendlich vereinen, so dass wir dann das Höhere Bewusstsein bitten können, uns als heile Person als Sein Instrument zu benutzen.

All die romantischen Mythen oder Märchen, die von einem Ritter in glänzender Rüstung handeln, vom Aschenputtel, Schneewittchen und von unserer immer währenden Sehnsucht nach einem geliebten Menschen, sind sehr verwirrend, wenn sie wörtlich genommen werden. Diese Mythen sind die indirekte Ursache unerfüllter Liebe, unserer diversen Unsicherheiten, Minderwertigkeitsgefühle oder des Gefühls, irgendetwas sei falsch oder würde fehlen, wenn nicht ein äußerer Partner gefunden wird. Dies alles untergräbt das Selbstvertrauen eines Menschen. Der Glaube, eine andere Person würde wie mit einem Zauberstab alle Probleme lösen, ist falsch. Diese Mythen aber haben uns alle geprägt. Die Wunschvorstellung, diese andere Person würde alles zum Guten werden, lässt uns versuchen, in der Zukunft zu leben und nicht in der Gegenwart und so können wir nicht die Signale und Möglichkeiten erkennen, die wir täglich erhalten, um schrittweise auf unserer Reise voranzukommen.

Der Mythos »Sie lebten glücklich bis ans Ende ihrer Tage« wurde mir in einem Wachtraum als Gedankenform gezeigt, die völlig unstofflich einer Seifenblase, einem Gebilde aus Seidenpapier, Schaum oder Zuckerwatte glich. Als ich im Geiste versuchte, in diese Gedankenform einzudringen, entdeckte ich nichts Festes, Greifbares. Alles was diesen Mythos umrankt, wird Menschen enttäuschen und frustrieren.

Dann wurde mir die Gegenseite dieses Mythos' gezeigt und ich sah die Folgen, wenn die Erwartungen nicht erfüllt werden. Ich drang auch in diese Gedankenform ein, um festzustellen, welche Gefühle sie auslöst. Ich stieg in eine stickige Schicht hinab, die mich an den Smog von Los Angeles erinnerte, tiefbraun und dicht; sie war aus allen unerfüllten Träumen und Illusionen zusammengesetzt. Desillusion erschien als ein stickiger, vergifteter Zustand.

Dies waren die beiden Seiten der Gedankenform, wie ich sie erfahren habe. Wenn sich der Mythos nicht erfüllt, weil der perfekte Partner nicht gefunden oder der gegenwärtige Partner nicht den eigenen Wünschen entsprechend geändert werden kann, wendet sich die Person oft von jeglicher Partnerschaft ab und ist über die ihr vom Schicksal zugefügte Enttäuschung verstimmt.

Die meisten Menschen, so stellte ich fest, sind durch ihre Wunschvorstellung vom »perfekten Partner« wie in einem Netz oder in Spinnweben gefangen. Diese Illusion gleicht auch einem Sumpf der Enttäuschung, wenn sich der Traum vom Glück nicht erfüllt, oder einer Schaukel oder einem Pendel, das von einem Extrem zum anderen schwingt.

Nur wenn wir uns direkt in der Mitte dieser beiden Gegensätze befinden, können wir die innere Reise antreten und die andere Hälfte unserer Seele suchen und in Frieden sein. Das ist die eigentliche Wahrheit der Märchen und Mythen, die wörtlich ausgelegt wurden und so unsäglichen Kummer über viele hoffnungsfrohe Menschen gebracht haben. Nur wenn wir uns aus dem Griff dieser Gedankenform lösen, können wir unsere Herzen öffnen und uns von der Angst befreien, verletzt zu werden. Wenn wir den inneren Partner in uns suchen, wird uns Glück beschieden sein, denn niemand und nichts wird uns dann verletzen und zurückweisen können.

Das bedeutet aber keineswegs, wie mir gezeigt wurde, dass wir keinen äußeren Partner haben sollten; dieser Partner aber sollte uns auf unserem persönlichen Weg unterstützen, so wie wir auch ihn auf seinem Weg unterstützen sollten. Kein Mensch kann seinen Partner in die Person verwandeln, die er sucht, denn er sucht nicht den äußeren Partner, sondern seine andere innere Hälfte. Wenn wir das verstanden haben, werden wir nicht versuchen, einen anderen Menschen unseren Wünschen entsprechend zu verbiegen, wie zum Beispiel durch Liebestrank, Drohungen, Versprechungen, Erpressung und durch alle möglichen Tricks, mit denen wir versuchen, die Liebe eines anderen Menschen zu erzwingen.

Kapitel 25

Die Nahrungsmittelindustrie

Früher war es möglich, Nahrungsmittel naturbelassen – ohne chemische oder andere Zusätze – zu kaufen. Farmer und Kleinbauern düngten ihre Feldfrüchte mit natürlichen Substanzen, und da es noch kein weit verzweigtes internationales Transportsystem gab, wurde die Nahrung lokal verkauft und auch konsumiert. Folglich bedurfte es auch nicht der heute so verbreiteten Konservierungsmittel. Die ortsansässige Bevölkerung verzehrte das, was geerntet wurde. Um für die Wintermonate einen Vorrat an Früchten und Gemüse anzulegen, konservierten die Menschen die Nahrung: sie trockneten sie, legten sie in Essig ein, weckten sie ein, machten Marmelade und Kompotte daraus. Heute können wir Nahrungsmittel auch außerhalb der Saison kaufen, denn sie werden aus anderen Gegenden des Landes oder anderen Teilen der Welt eingeflogen, in denen klimabedingt ganzjährig geerntet werden kann oder die Jahreszeiten entgegengesetzt zu unseren verlaufen.

Um Nahrungsmittel, die um die ganze Welt transportiert werden, haltbar zu machen, werden sie mit verschiedenen Chemikalien behandelt. Konservierungsmittel verhindern ihr Verderben, dadurch wird Verschwendung reduziert und viele Menschen können so mit notwendiger Nahrung vorsorgt werden, die sonst hungern müssten oder an Unterernährung leiden würden. Aus dieser Sicht kann die Zugabe von Chemikalien zweckdienlich und angemessen sein. Andererseits werden viele Nahrungsmittel nicht nur mit Chemikalien, sondern noch zusätzlich mit fragwürdigen Mittelchen behandelt. Farbstoffe lassen sie gefälliger aussehen, sind aber wiederum gesundheitsschädlich, ebenso wie die verschiedenen Aromen, Nitrite und Nitrate. Viele der auf die Feldfrüchte gesprühten Insektizide verbleiben von einer Ernte zur nächsten in der Erde. Einige Farmer bauen Sojabohnen auf ihren mit Insektiziden gesättigten Feldern an, da Sojabohnen bestimmte Chemikalien absorbieren und den Boden dadurch neutralisieren. Werden jedoch diese Sojabohnen gegessen, nehmen wir die Chemikalien mit unserer Nahrung auf und werden ohne unser Wissen durch die Nahrung vergiftet, die wir eigentlich essen, um gesund zu bleiben.

Bananen werden noch grün geerntet. Um ein vorzeitiges Reifen und Verderben vor dem Verkauf zu verhindern, werden sie mit einer chemischen Lösung besprüht, die den Reifungsprozess verzögert. Dann werden sie nochmals bei Ankunft an ihrem Bestimmungsort mit einer anderen chemischen Lösung besprüht, um den Reifungsprozess zu beschleunigen. Auf diese Weise werden Menschen, die Bananen essen, ohne ihr Wissen verschiedenen Chemikalien ausgesetzt. Viele Menschen leiden unter Allergien und kennen die Ursache der Symptome nicht. Also können sie der Allergie nicht vorbeugen. Andere Früchte und Gemüsearten, besonders Äpfel, werden mit Arsen und anderen Insektiziden besprüht, um gegen Insektenschwärme vorzugehen, die die Ernte vernichten könnten. Wir nehmen das Arsen und die anderen Gifte mit den Äpfeln und anderen Nahrungsmitteln zu uns.

Ein weiteres Problem, besonders für Menschen, die unter Allergien leiden, ist die Beigabe vieler Substanzen in Konserven, verpackter Nahrung, Tiefkühlkost, Fast Food und auch im Essen vieler Restaurants. MSG (Monosodium-Glutamat) ist ein chemischer Zusatz, auf den viele Menschen empfindlich reagieren. Sie bekommen Kopfschmerzen, leiden unter Brechreiz, fühlen sich verwirrt. MSG wurde ursprünglich in chinesischen Restaurants verwendet und die Auswirkungen wurden als das China-Restaurant-Syndrom bekannt. Dieser Zusatz ist ein Geschmacksverstärker, der der Nahrung mehr Aroma verleiht. MSG wird in vielen Geschäften verkauft, obwohl es zeitweise von der Gesundheitsbehörde als gesundheitsschädlich eingestuft wurde. Langsam setzt es sich aber wieder durch, denn viele Menschen essen gerne schmackhaft und auch nicht jeder reagiert allergisch auf MSG.

Außer den bekannten allergischen Reaktionen mancher Menschen auf bestimmte Substanzen gehen viele Menschen noch ein Risiko ein, wenn sie Nahrung und Getränke zu sich nehmen, die mit gesundheitsschädigenden chemischen Zusätzen versetzt wurden.

Wir können das Verhalten der gesamten Nahrungsmittelindustrie nicht ändern, aber wir können unsere Familie und uns selbst so gut wie möglich schützen, wenn wir uns weigern, fragwürdige Produkte zu kaufen. Es ist zeitaufwändig und erfordert Geduld, die angegebenen Zutaten auf den Etiketten der Dosen, Verpackungen und auf der Tiefkühlkost zu überprüfen, aber wenn wir unsere Gesundheit vor Schaden bewahren wollen, müssen wir dazu bereit sein. Auch so drückt sich Liebe aus, denn wir zeigen unsere Sorge um das Wohlergehen unserer Familie, wenn wir diese notwendigen Vorsichtsmaßnahmen treffen.

Die ursprüngliche Absicht war zweifelsohne, die Nahrung vor dem Verderben zu schützen und den Verbraucher vor Krankheiten durch schädigende Nahrung zu bewahren. Heute scheint die Nahrungsmittelindustrie aber hauptsächlich von dem Gedanken geleitet zu werden, mehr Geld zu verdienen. Aus diesem Grunde tragen wir alle die persönliche Verantwortung dafür, sorgsam die Nahrung für unsere Familie auszuwählen. Wir sollten keine haltbar gemachten Nahrungsmittel essen, sondern nur saisonale. Wir können gemeinsam verlangen, dass Waren nicht mit gesundheitsschädlichen Chemikalien versetzt werden, und darauf bestehen, dass Farmer Waren aus organischem Anbau liefern.

Kapitel 26

Der Herz-Bypass in der Medizin

Als ich in England aufwuchs, hatte ein wunderbarer Mann, den ich Doccie nannte, einen großen Einfluss auf mein Leben. Er war Arzt und der Mann der ältesten Schwester meiner Mutter. Ich verbrachte immer meine Ferien bei ihnen, und eine meiner schönsten Erinnerungen war, wenn ich ihn bei seinen Hausbesuchen zu Patienten begleitete, die zu krank waren, um seine Praxis aufzusuchen. Sie lebten im Norden Englands in einem Kohlebergbaugebiet und so waren viele seiner Patienten Bergleute und deren Familien. Alle liebten ihn, denn er besaß weitaus mehr als nur sein ärztliches Können. Immer hatte er ein aufmunterndes Wort für jeden, er wusste alles über ihr Leben, ihre Kinder, ihre Seelenschmerzen und Sorgen, denn er kümmerte sich um den ganzen Menschen und nicht nur um den kranken Körper.

Viele seiner Patienten waren so arm, dass sie sogar die niedrigen Rechnungen, die er stellte, nicht bezahlen konnten. Oft gaben sie ihm einen Sack Kartoffeln, die sie in ihrer knappen Freizeit nach langen Arbeitsstunden in den Kohlegruben in ihren kleinen Gärten angebaut hatten. Oder sie gaben ihm verlegen ein Glas eingelegtes Obst oder selbst gemachte Marmelade aus den Früchten ihres sorgsam gepflegten Baumes. Ich war sehr beeindruckt und immer gespannt darauf, was ihm mit zögerndem Lächeln überreicht werden würde. Der Gebende betrachtete ihn zaghaft, um festzustellen, ob die Gabe auch seinen Diensten entsprach; sie konnten ihm nicht mehr anbieten, denn selbst diese kleinen Gaben rissen ein Loch in ihr schmales Einkommen.

Doccie hat niemals einen Hilferuf abgewiesen. Den ganzen Tag lang behandelte er in seiner Praxis Patienten und später besuchte er dann Menschen, die nicht zu ihm kommen konnten. Für jeden Einzelnen fand er ein freundliches Lächeln und aufmunternde Worte. Jeder Patient war für ihn ein menschliches Wesen, das er gut kannte, und niemandem wurde die Behandlung versagt.

Diese frühen Erfahrungen schufen in mir das Bild eines Arztes, wie er sein sollte. Idealistisch, wie ich als Kind war, wurde er mein Vorbild und ich träumte davon, als erwachsener Mensch selbst Ärztin zu werden. Aber es kam anders.

Wenn ich mich heute umsehe und von den Erfahrungen meiner Mitmenschen höre, muss ich leider feststellen, wie drastisch sich doch das Bild des Arztes gewandelt hat. Die Ausübung des ärztlichen Berufes wurde zu einem Geschäft, mit dem nicht seltenen Ziel, so viel Geld wie möglich zu verdienen, anstatt sich auf die Behandlung kranker Menschen zu konzentrieren. Das Hauptanliegen des Arztes, Geld zu verdienen, bedeutet, dass er so viele Patienten wie nur irgend möglich zu einer vorgegebenen Zeit in seine Praxis bestellt. Dieser Zeitplan ermöglicht dem Arzt nicht, angemessene Zeit für den Patienten aufzuwenden, um ihn kennen zu lernen oder seinen Lebensstil, seine Gewohnheiten oder seine Familiensituation in Beziehung zu seinen Krankheitssymptomen zu bringen. Der Patient ist nur eine Nummer in der Reihe anderer Patienten. Anstatt sich auf die diagnostischen Fähigkeiten des Arztes zu verlassen, werden unzählige Tests mit den Patienten durchgeführt, um den Grund seiner Beschwerden festzustellen. Maschinen stellen die Leiden fest und ersetzen die persönliche Zuwendung eines fürsorglichen menschlichen Wesens.

Zusätzlich zu der Entmenschlichung des Arztberufes ersetzt ein immer größer werdendes Arsenal von Tabletten die früher angewendeten, natürlichen Heilmittel, die das Leiden milderten und keine neuen Probleme schufen, wie es heute bei den verordneten Medikamenten mit ihren häufigen Nebenwirkungen der Fall ist.

Die allgemein zu beobachtende Situation in Krankenhäusern ist ein weiteres, krasses Beispiel für die Herzlosigkeit in der Medizin und in den Heilberufen. Patienten werden oft sehr unpersönlich behandelt, so als ob sie unbeseelte Gegenstände ohne Nerven und Gefühle wären.

Die Aussicht, in ein Krankenhaus eingewiesen zu werden, ist an sich schon beängstigend, aber dort nur wie eine Nummer im

Bett eines Krankenzimmers zu liegen, kann weitaus beängstigender für einen Menschen sein, der bereits schwer krank ist. Der Patient hat die Sicherheit seines Heimes und seiner Familie verlassen, ist allein unter fremden Menschen, hat sich unzähligen Tests zu unterziehen, die den Grund seiner Krankheit feststellen sollen, und das alles zu Kosten, die er eventuell gar nicht bezahlen kann.

Ich denke in diesem Zusammenhang an das Krankenhaus, das Baba nach seinen Vorgaben in seinem Ashram in Indien bauen ließ, in einem der unterentwickeltsten Länder bezüglich der Hygiene. Aber in diesem Krankenhaus wird der Patient nach seiner Einlieferung nicht allein gelassen. Die Familienmitglieder des Patienten übernehmen nach überliefertem Brauch seine Pflege, wenn das Krankenhauspersonal zu beschäftigt ist, um sie selbst zu übernehmen. Familienmitglieder begleiten den Patienten zu den vorgeschriebenen Testuntersuchungen und warten auf seine Rückkehr. Niemand wird mit seinen natürlichen Ängsten allein gelassen, die mit einem Krankenhausaufenthalt verbunden sind.

Andererseits berichten viele Ärzte aus dem Westen, dass sie aus versicherungstechnischen Gründen gezwungen sind, immer mehr Standardtests durchzuführen, denn die Patienten würden bei dem leisesten Verdacht auf eine mögliche oder tatsächliche Fehlbehandlung gegen sie gerichtlich vorgehen. Hier offenbart sich wieder die Herzlosigkeit einiger Patienten, die gegen einen Arzt gerichtlich vorgehen, um durch die Beilegung des Streites eine beträchtliche Summe Geld zu verdienen. Diese Vorgehensweise verursacht wiederum den Menschen Probleme, die einen berechtigten Anspruch auf Kostenersatz haben, der ihnen aber wegen der Unehrlichkeit anderer verweigert wird.

Unehrliche Versicherungsansprüche und übersteigertes Profitdenken mancher Versicherungsgesellschaften tragen zu mangelnder Fürsorge für Menschen bei, die auf finanzielle Unterstützung angewiesen sind, auf die sie auch Anspruch haben, besonders dann, wenn sie ihre Versicherungsprämien bezahlt haben. Diese Beispiele zeugen von Herzlosigkeit und von Entscheidungen, die nur mit dem Verstand getroffen wurden.

Anstatt andere zu beschuldigen, sollte jeder von uns seine eigenen Beweggründe überprüfen. Haben auch wir uns unehrlich verhalten? Nur wir allein können unsere eigenen fragwürdigen Praktiken ändern. Wir können nicht direkt das Verhalten der anderen oder der großen Gesellschaften verändern, aber wir haben die Verpflichtung, auf Fehlverhalten hinzuweisen, sobald wir es erkennen. Wir mögen uns allein zu hilflos fühlen, um Veränderungen herbeizuführen, wenn aber viele Menschen gemeinsam sich bemühen, die Fehler zu korrigieren, wird die daraus erwachsende Kraft auch die Macht haben, die notwendigen Verbesserungen durchzusetzen.

KAPITEL 27

Der Herz-Bypass in den Religionen

Alle großen Religionen haben die gemeinsame Botschaft, dass niemand einem anderen etwas antun soll, von dem er nicht wünscht, dass es ihm angetan wird. Schauen wir uns jedoch in der Welt um, sind wir höchst erstaunt, was dieser universellen Botschaft zugefügt wurde. Genau das Gegenteil ist überall eingetreten. So wie der einzelne Mensch nur auf sein persönliches Wohlergehen bedacht ist, sind auch die einzelnen Staaten und ihre Oberhäupter in ihrem Verhalten anderen Staaten gegenüber hauptsächlich von Eigennutz geprägt.

Wenn wir in unserem Ursprung alle eins sind, so fügen wir uns selbst das zu, was wir anderen zufügen, entweder auf persönlicher oder nationaler Ebene. Diese Regel wird durch das Gesetz des Karma bestimmt. Es besagt, dass alle unsere Taten, seien sie verletzend oder wohltätig, irgendwann in der Zukunft auf uns zurückfallen werden und wir genau diese Erfahrung werden machen müssen, die wir ursprünglich anderen durch Gedanken, Worte oder Taten zufügten. Anstatt dem Schicksal oder anderen Menschen die Schuld für unsere Probleme zuzuweisen, sollten wir uns selbst diese Schuld zuweisen oder dankbar sein für das, was uns geschieht.

Religiöse Lehren gleichen Wegweisern oder Grundregeln, aber wenn wir sie nur durch Hören oder Lesen der Schriften und heiligen Bücher kennen und sie nicht in unserem persönlichen Leben in die Tat umsetzen, werden sie uns nicht helfen. Ihre Botschaft ist eindeutig und klar. Wir selbst haben unser Herz gegenüber diesen Lehren verschlossen und leben nicht im Einklang mit ihnen.

In den meisten etablierten Religionen nehmen die Geistlichen oder die Kirchenältesten eine Machtstellung zwischen dem Wort der Schriften und den Mitgliedern der Kirchengemeinde oder den jeweiligen Organisationen ein. Sie sind für die Auslegung der Lehren verantwortlich, damit sie von der Mehrzahl der Gemeindemitglieder verstanden werden. Aber gerade die Geistlichen haben oft deren ursprüngliche Bedeutung entstellt und sogar manche Lehren unterdrückt, weil sie ihnen nicht zustimmen konnten oder weil sie nicht verbreitet werden sollten.

Auch hier scheint es sich um eine Frage der Macht zu handeln, denn Menschen, denen Macht gegeben wird, werden auch leicht von ihr verführt. Anstatt ihre Autorität zu nutzen und die Schüler auf ihrem gewählten Weg zu unterstützen, erlassen einige religiöse Führer eine Unmenge von Regeln, die blind zu befolgen sind und vom Suchenden nicht hinterfragt werden dürfen. Sie legen die Lehren vielleicht sogar faktisch aus, ohne die ursprünglichen Wahrheiten, die immer in symbolischer Form mitgeteilt werden, zu erklären.

Gruppierungen, die sich um ein religiöses Ideal formieren, negieren oft jeden Bezug zu der Tatsache, die auch in vielen alten Texten erwähnt wird: dass wir nämlich alle auf der Ebene unserer inneren Essenz oder des Höheren Bewusstseins eins sind und dass jeder, der bereit und willens ist, auch die Freiheit hat, seinem eigenen Lehrer zu folgen. Auch lehren sie nicht, dass der nach göttlicher Wahrheit Suchende schrittweise den äußeren Lehrern entsagen sollte, die oft im Widerstreit zu dem Einen inneren stehen. Einigen Kirchenvorstehern, Tempelvorstehern, Vorstehern von Synagogen und anderen Versammlungsorten liegt nicht das Wohlergehen der einzelnen Mitglieder ihrer Gemeinde am Herzen. Sie konzentrieren sich hauptsächlich aufgrund ihrer vorgetäuschten Autorität auf die Auslegung der Schriften. Diese rein verstandesmäßige Auslegung der Schriften ist der wesentliche Grund für ihre verschlossenen Herzen.

Auf diese Weise wird auch der Herz-Bypass bei den Geistlichen und ihren Gemeindemitgliedern verursacht. Die Menschen werden über ihre wahre Identität getäuscht und können nicht lernen, inneren Kontakt mit der wahren Liebe aufzunehmen.

Wie auch bei allen anderen Institutionen können wir persönlich keine Veränderung dieser Praktiken bewirken. Aber wir alle haben die Freiheit, selbst zu entscheiden, nach welchen Werten wir leben wollen. Wir können uns daher auch entscheiden, Kontakt mit unserem wahren Selbst aufzunehmen und ihm zu gestatten, dass seine Liebe unsere Herzen öffnet und seine allumfassende Liebe auch unsere Mitmenschen und die ganze Welt erreicht, die dieser Liebe so dringend bedarf.

Wenn ich Seminare über meine Arbeit halte, beginne ich jede Sitzung mit einer Gruppenübung oder Meditation und benutze dabei das Symbol eines Maibaumes. Alle, die daran teilnehmen wollen, werden gebeten, sich vorzustellen, eines der Bänder zu ergreifen, die an der Spitze des Maibaumes befestigt sind. Sie können sich die Farbe des Bandes aussuchen. Das Band stellt eine Art Telefonkontakt mit dem gemeinsamen Höheren Bewusstsein dar, das an der Spitze des Maibaumes visualisiert wird, dort, wo alle Bänder befestigt sind. Ich schlage allen Teilnehmern vor, im Geiste das Höhere Bewusstsein zu bitten, seine bedingungslose Liebe am Band hinunterfließen zu lassen, damit sie dann an alle Menschen weitergeleitet werden kann, die krank oder unglücklich sind, und auch in alle Teile der Welt, wo Heilung und Trost fehlen. Diese Übung, die nur wenige Minuten dauert, ist ein Akt der Nächstenliebe, den jeder leisten kann. Wird er mit den Bemühungen vieler Menschen multipliziert, dann werden Veränderungen eintreten und das Gefühl der Hilflosigkeit wird behoben werden, unter dem so viele von uns angesichts des Elends in der Welt leiden.

Diese Übung ist eine einfache, aber sehr wirkungsvolle Form eines Gebetes, das jeder allein oder in einer Gruppe sprechen kann.

KAPITEL 28

Der Herz-Bypass in Organisationen

Da der Herz-Bypass so weit verbreitet ist, ist er auch in all jenen Lebensbereichen anzutreffen, in denen Menschen miteinander zu tun haben. Er tritt besonders deutlich in Organisationen auf, die viele Menschen aufgrund einer gemeinsamen Thematik verbinden.

Da ich mich entschieden habe, Sai Babas Lehren und seiner Führung zu folgen, treffe ich auch häufig seine Anhänger, denn Baba befürwortet *sathsang*, was bedeutet, sich mit Gleichgesinnten zu treffen, sich seiner Lehren zu erinnern und sie anzuwenden. Baba sagt jedoch, dass er seine wahren Anhänger an einer Hand abzählen könne, so wenige gäbe es. Die meisten Anhänger befinden sich in einem Lernprozess, um seine Lehren im eigenen Leben und in ihren Beziehungen mit anderen Menschen anzuwenden, seien es Verwandte, Freunde oder Zufallsbekanntschaften.

Leider sind manche der irrigen Auffassung, dass ihr Entschluss, ein Anhänger Babas zu werden, sie augenblicklich so rein wie frisch gefallener Schnee machen würde und sie sich über Nacht aller menschlichen Fehler und Schwächen auf magische Art entledigt hätten. Wenn wir jedoch im Stillen darüber nachdenken, wird uns klar, dass eine solche Schlussfolgerung absolut lächerlich ist. Ja, wir alle würden gerne auf der Stelle transformiert werden und bar aller unserer Fehler sein. Wäre dies jedoch möglich, würde eine derart drastische Transformation einen viel zu ernsten Schock für unser Nervensystem bedeuten. Die meisten menschlichen Wesen hassen Veränderungen, und Unsicherheit noch mehr. Diese Tatsache wird durch den Umstand bewiesen, dass ein Mensch lieber in einer ihm vertrauten, schwierigen Beziehung oder gefährlichen Lage ausharrt, als eine Veränderung in das große Unbekannte in Betracht zu ziehen. Er fürchtet sich vor der damit verbundenen Unsicherheit.

Diejenigen, die sich Sai-Anhänger nennen, sind ganz normale Menschen, die von Baba und seinen sehr praktikablen Lehren beeinflusst werden. Sie werden nicht über Nacht zu Engeln, obwohl wir uns das alle wünschten. Wir müssen also davon ausgehen, dass wir in den Sai-Baba-Organisationen dieselben Reibereien, Probleme in der Kommunikation, Rivalitäten, dasselbe Konkurrenzdenken und all die Probleme antreffen wie in jeder anderen Organisation auch.

Baba sagt selbst, dass seine Organisation einer kleinen Ausgabe der Welt gleicht, die uns den Umgang mit Menschen lehren kann, die nicht unbedingt unsere persönliche Meinung teilen. Ein bereits erwähnter Ausspruch Babas hilft, die Meinungsverschiedenheiten zu handhaben. Er sagt, wir sollten einem Menschen nicht nach dem Munde reden, wenn wir mit seinen Ideen, seinem Glauben oder Nichtglauben nicht übereinstimmen. Wir sollten auch nicht das tun, was der andere von uns erwartet, denn es könnte sein, dass es nicht der uns eigenen Art zu handeln entspricht. Aber, so sagt Baba weiter, wenn wir uns dem Druck anderer nicht beugen, sollten wir unsere Absage sorgsam formulieren. Wir sollten stets freundlich und zuvorkommend handeln und reden. Dies bedeutet, einen klaren persönlichen Standpunkt zu beziehen, der weder verletzt noch verunsichert oder zu scharf kritisiert.

Wenn wir uns an Babas Aussage erinnern, dass wir im Kern unseres Wesens alle eins und daher auch alle von gleichem Wert sind, so hat niemand das Recht, einen anderen Menschen zu verurteilen.

Jeder von uns ist für sein eigenes Verhalten verantwortlich und jeder sollte bemüht sein, nach den Lehren zu leben, die sich für ihn als gut und richtig erwiesen haben. Dies bedeutet, standhaft zu bleiben und auf dem Recht zu bestehen, entsprechend seinem Glauben zu leben und sein Leben im Gleichklang mit diesem Glauben auszurichten. Das ist unsere persönliche Verantwortung und wir müssen deshalb auf der Freiheit bestehen, sie auch durchzusetzen. Diejenigen, die sich entschlossen haben, Baba zu folgen, müssen Andersgläubigen das gleiche Recht zugestehen. Niemand sollte uns daran hindern, nach seinen Lehren zu leben.

Wie gehen wir mit unangemessenem Verhalten um? Wir sollten Fehlverhalten, wenn wir es bemerken, nicht übersehen. Wenn wir es übersehen, machen wir uns ebenso schuldig wie der, der es begangen hat. Wir können auf das Fehlverhalten hinweisen, ohne den anderen zu beleidigen oder ihn zu verurteilen. So befreien wir uns von der Schuld, die wir sonst durch unser Schweigen auf uns geladen hätten.

Nach unserem Empfinden schließt Leben das Herz mit ein und nicht nur den Verstand. Ganz ohne Frage müssen wir unseren Verstand gebrauchen, um festzustellen, was richtig ist, aber dann sollte das Herz mit ins Spiel kommen, um die oft kalte, kritische oder berechnende Haltung des Verstandes durch Mitgefühl, Freundlichkeit und Hilfsbereitschaft auszugleichen. Diese Fähigkeiten entspringen einem offenen Herzen. Wenn wir in Betracht ziehen, was für alle in einer bestimmten Situation richtig ist, werden wir nicht länger die Wünsche einzelner Mitglieder in den Mittelpunkt stellen.

Baba sagt, wie bereits erwähnt, dass Menschen, die in einer engen täglichen Beziehung zusammenleben, sich dabei helfen können, gegenseitig ihre scharfen Kanten abzuschleifen. Wenn Steine in einem Behälter geschüttelt werden, schleifen sie sich beim Aufprall gegenseitig ab. Dieses Beispiel bezieht Baba auf eheliche Gemeinschaften, in denen sich die Partner durch die täglichen Reibereien, die durch ihren eigenen Willen und ihr Ego verursacht werden, abschleifen.

Wenn das für ein Ehepaar zutrifft, dann trifft es ganz besonders für eine Gruppe zu, die sich regelmäßig trifft, denn hier wird die Wirkung multipliziert.

Auf meinen vielen Reisen in andere Länder werde ich oft gebeten Sai-Zentren zu besuchen und über Baba zu reden. Dadurch erhalte ich Einblicke in Gruppen, in denen sich Menschen im gemeinsamen Bemühen vereinen, Babas Lehren zu leben. Diese Gruppen setzen sich aus ganz normalen Menschen zusammen, die nicht unbedingt nach Babas Lehren erzogen wurden. Sie treffen sich und bringen ihre alten Verhaltensmuster mit sich, die sich in ihrem Denken, Reden und Handeln ausdrücken. Oft stehen diese Verhaltensmuster in direktem Gegensatz zu Babas Lehren. Baba befürwortet Zusammenarbeit und nicht alleiniges Vorgehen. Viele Menschen aber wurden mit der Vorstellung indoktriniert, nur dann erfolgreich zu sein und etwas zu erreichen, wenn sie besser als andere sind. Laut Baba gleichen diese Gruppen einer Kleinstausgabe unserer Welt und sie sind auch ein Beispiel für das grassierende Konkurrenzdenken auf globaler Ebene.

Baba sagt, dass sein Leben seine Botschaft sei und dass auch wir diese Botschaft widerspiegeln sollten.

Wenn wir dazu fähig sind, den Herz-Bypass in unserem eigenen Leben zu korrigieren, wird automatisch auch unser Auftreten in der Gruppe korrigiert. In Sai-Gruppen haben sich die Mitglieder entschlossen, Sai-Baba-Anhänger zu sein und sie sollten auch seinen Lehren folgen.

Begegnen wir den anderen Mitgliedern in der Gruppe mit Toleranz? Verhalten wir uns in unseren zwischenmenschlichen Beziehungen verständnisvoll? Vergessen wir nicht, dass andere unsere Hilfe brauchen? Arbeiten wir mit anderen Mitgliedern der Gruppe freundlich zusammen, oder lassen wir aufgrund unserer Position unserem Ego freien Lauf, um auf andere unrechtmäßigen Druck auszuüben?

Baba sagt, er sei unser Diener. Wenn er diese Rolle bereitwillig und liebevoll übernimmt, sollten auch wir seinem Beispiel folgen und den anderen Mitgliedern der Gruppe in gleicher Weise dienen und auch bereit sein, ihnen weder kritisch noch herablassend zu helfen. Jeder Einzelne von uns ist auf seinem Weg zurück zum Ursprung. Oft wissen wir nicht, wo auf diesem Weg wir uns befinden, folglich können wir auch nicht den Fortschritt (oder Rückschritt) eines anderen beurteilen. Wir bedürfen der Geduld, Toleranz, Standhaftigkeit und der Nachsicht und sollten uns stets daran erinnern, dass unsere Familie, Freunde, Geschäftspartner oder Mitglieder der Sai-Organisationen unsere Lehrer sein können. Gäbe es keine Probleme, dann gäbe es keine Herausforderung, und ohne Herausforderung könnten sich weder Stärke und

Spannkraft entfalten noch Selbstvertrauen, das sich entwickelt, wenn wir unserem Selbst vertrauen, Lösungen für unsere Probleme zu finden.

KAPITEL 29

Maschinen, Computer und andere elektronische Geräte, die zum Herz-Bypass beitragen

Unsere Gesellschaft wir immer stärker von Maschinen jedweder Art beherrscht und sie tragen beträchtlich zum Herz-Bypass auf allen Lebensgebieten bei.

Die natürlichste Art der Kommunikation ist die Sprache. Ursprünglich war ein solcher Austausch auf Menschen beschränkt, die körperlich anwesend waren. Kommunikation über große Entfernungen hinweg wurden durch Briefe ermöglicht, die durch Boten zu Pferde oder per Schiff übermittelt wurden; heutzutage werden sie per Bahn oder per Flugzeug übermittelt.

Durch die Erfindung des Telefons bekamen wir die Möglichkeit, mit Menschen zu sprechen, die weit entfernt von uns leben, und seitdem haben sich die Kommunikationsmöglichkeiten vervielfacht. Einige der modernen Entwicklungen haben unser Leben enorm bereichert.

Aber alles Gute kann auch übertrieben werden. Heute ist es mit Hilfe der weit verbreiteten Anwendung elektronischer Geräte üblich, Mitteilungen auf Band zu erhalten. Eine Stimme auf einem Tonband erteilt Anweisung, diese oder jene Nummer zu wählen, je nachdem, was der Anrufer wünscht. Selbst nach der Wahl einer bestimmten Nummer entsteht eine lange Wartezeit, ehe man mit der zuständigen Person sprechen kann. Dieser Mangel an persönlicher Kommunikation schneidet uns von menschlichen Kontakten ab, die einstmals Teil unseres täglichen Lebens waren. Jetzt sind wir hingegen gezwungen, mit kalten, emotionslosen Maschinen zu kommunizieren, was uns verärgern und frustrieren kann und so zu unserem eigenen Herz-Bypass beiträgt.

Computer haben einen ungeheuren Einfluss auf alle Gebiete

unseres Lebens; dieser Einfluss kann nützlich sein oder einschüchternd wirken. Computer haben die Geschäftswelt revolutioniert und häusliche Angelegenheiten vereinfacht. Internet-Abonnenten haben weltweiten Zugang zu Informationen und die Möglichkeit, auf globaler Ebene mit anderen Menschen in Kontakt zu treten. Selbst medizinisches Wissen ist mit Hilfe der Computer weltweit verfügbar. Der Arzt kann die neuesten Informationen über Medikamente und medizinische Techniken per Knopfdruck erfahren.

So wunderbar Computer auch zu sein scheinen, sie tragen zum Herz-Bypass bei und sind daher schädlich. Da Computer jungen, behinderten und älteren Menschen die Tür zum Wissen öffnen, können sie auch zum Fluchtmittel werden, wenn sie als Ersatz für liebevolle Beziehungen betrachtet werden. Stunde um Stunde mit Computerspielen zu verbringen oder im Internet zu surfen kann Menschen dazu veranlassen, ihr Herz für die sie umgebende Welt zu verschließen. Selbst die beste Literatur oder Musik trägt zum Herz-Bypass bei, wenn sie zur Flucht benutzt wird.

Computer-Benutzer sollten ihre am Computer verbrachte Zeit aus verschiedenen Gründen genau überwachen. Kürzlich wurde herausgefunden, dass konzentriertes Arbeiten am Computer die Augen schädigen kann, besonders bei Kindern, deren Augen noch nicht voll ausgebildet sind. Außerdem können an Fingern und Handgelenken durch ständiges Schreiben auf einer Tastatur in falscher Höhe schmerzhafte Veränderungen auftreten, die bis zur Berufsinvalidität führen können. Es handelt sich hierbei um das Karpaltunnelsyndrom. Außerdem kann die Aura des Computers unsere physische Aura beeinflussen.

Ein sehr ernst zu nehmendes Problem ist die Verfügbarkeit der Pornographie im Internet. Pornographische Filme und Bilder fördern ganz ohne Frage den Herz-Bypass und jeder, der sich auf diese Art von Flucht einlässt, umgeht nicht nur sein eigenes Herz, sondern trägt auch zu der entmenschlichten Gedankenform bei, die in der Welt vorherrscht.

Da wir mit dieser mechanisierten Form der Macht über unser Leben weiterhin leben müssen und diese Macht mit Sicherheit noch zunehmen wird, müssen Wege gefunden werden, die eine Rückbindung unserer Herzen ermöglichen, so dass wir gefühlsmäßig wieder Kontakt mit Menschen aufnehmen können und nicht nur mit unserem Verstand, unserer Stimme oder unserem Körper.

Wir können persönlich darüber entscheiden, ob wir unser Herz öffnen und täglich den Fluss der Liebe, der unserer inneren Quelle, der wahren Liebe, entspringt, an unsere Mitmenschen weiterleiten. Wenn wir diese einfache Übung praktizieren, bleibt unser Herz offen und wir können anderen Menschen helfen, dass sich auch ihre Herzen wieder öffnen.

Unsere persönliche Liebe ist im Verhältnis zu der Liebe des Höheren Bewusstseins unzulänglich. Wir haben unsere Grenzen, unsere Vorlieben und Abneigungen, die Liebe des Höheren Bewusstsein aber ist absolut annehmend, vorurteilsfrei und tief erfüllend. Wenn wir durch das stetig wachsende Vordringen der Maschinen daran erinnert werden, unser Leben nicht durch den kalten, gefühllosen Verstand beherrschen zu lassen, kann dies eine Veränderung bewirken. Wenn wir uns täglich nur einige Minuten Zeit nehmen, um die Liebe des Höheren Bewusstseins durch uns fließen zu lassen, können auch wir dazu beitragen, das universelle Ungleichgewicht zwischen Yin und Yang auszugleichen.

KAPITEL 30

Straßenverkehr, private und öffentliche Verkehrsmittel

Auf den Straßen und Autobahnen fehlt mit Sicherheit das Herz. Ich lebe in Los Angeles, der Stadt der Autos, denn öffentliche Verkehrsmittel gibt es kaum, und sie sind für ein so großes Einzugsgebiet völlig unzureichend. Die so genannten Freeways verbinden die einzelnen Stadtteile, aber zu Stoßzeiten, wenn die Pendler zur Arbeit oder nach Hause fahren, sind die Freeways derart verstopft, dass man nicht mehr von freien Straßen sprechen kann. Ich bin immer äußerst amüsiert, wenn ich andere Länder besuche oder andere Gegenden in Amerika und sich die Menschen dort über den Verkehr beklagen. Ich lache dann und sage: »Aber es geht doch vorwärts, wenn auch langsam. Ich stecke gewöhnlich in einem Verkehrsstau auf einer vierspurigen Autobahn, und es ist ein ständiges Stop-and-go!«

Diese stressbeladenen Bedingungen frustrieren die Autofahrer und der Herz-Bypass tritt offen zutage. Kraftfahrer schneiden andere Autos in der vergeblichen Hoffnung, Zeit zu gewinnen, aber meistens kommen auch sie kaum schneller voran und erreichen ihr Ziel auch nicht eher, riskieren aber durch ihre Ungeduld einen Unfall oder eine Verwarnung. Ihr Verhalten verärgert oder ängstigt wiederum andere Kraftfahrer. Ihr Herz verschließt sich und es bleibt kein Platz für Liebe.

Der Herz-Bypass zeigt sich auch, wenn Autos von einer Zufahrt auf den Freeway fahren, ohne auf Vorfahrtschilder zu achten oder sich einzuordnen. Das Reißverschlussverfahren regelt ein sicheres Einordnen. Aber viele Fahrer verhalten sich rücksichtslos und bar jedes gesunden Menschenverstandes, wenn sie hinter dem Lenkrad sitzen. Autos und Motorräder springen oft zwischen den einzelnen Spuren hin und her. Dieses Verhalten kann äußerst gefährlich sein, besonders dann, wenn die Fahrzeuge klein sind und von den anderen Fahrern schlecht gesehen werden können. Eine weitere Verkehrsunsicherheit ist, wenn Personenwagen Lastwagen schneiden und vergessen, dass Lastwagen nicht so schnell anhalten können wie ein Pkw, um einem Unfall vorzubeugen.

Eine weitere Gefahr sind die Mobiltelefone. Viele Menschen führen erregte und lebhafte Unterhaltungen, während sie Auto fahren, fuchteln mit den Händen und gestikulieren in der Luft herum, wenn sie mit dem unsichtbaren Partner am anderen Ende sprechen. Manchmal sieht man sogar, wie Autofahrer in den Papieren in ihrer Aktentasche blättern, die auf dem Beifahrersitz liegt.

Ich habe sogar beobachtet, wie Frauen schnell noch ihr Make-up während des Fahrens auflegten, Männer und Frauen sich die Haare kämmten oder manche Männer sich während der Fahrt rasierten!

Manche Menschen drehen ihr Autoradio so laut auf oder spielen die Kassetten in solcher Lautstärke ab, dass sie den durchdringenden Ton der Sirene eines herannahenden Krankenwagens, eines Feuerwehrwagens oder eines Streifenwagens nicht hören können.

Ein noch schlimmeres Beispiel für Verantwortungslosigkeit ist, wenn Menschen sich unter Alkohol-, Drogen- oder Medikamenteneinfluss ans Steuer setzen, und so ihre Reaktionsfähigkeit in Gefahrensituationen beeinträchtigen. Während die Straßenverkehrsgesetze das Fahren unter Alkoholeinfluss streng ahnden, scheint das Fahren nach Aufputschmittel- oder Medikamenteneinnahme kaum beachtet zu werden. Manche Menschen wissen noch nicht einmal, dass sie nach der Einnahme von Medikamenten nicht Auto fahren sollten.

Diese Beispiele veranschaulichen, wie sorglos Autofahrer mit ihrer eigenen Sicherheit und der der anderen Verkehrsteilnehmer umgehen, und besonders in Stoßzeiten, wenn absolute Konzentration erforderlich ist. Wir dürfen aber nicht den Fahrstil anderer kritisieren, wenn wir selbst rücksichtslos fahren und so schnell wie möglich unser Ziel erreichen wollen. Wir müssen uns unserer eigenen Fahrgewohnheiten bewusst werden und sie gegebenenfalls ändern.

Flugzeuge sind für lange Strecken das meistbenutzte Transportmittel. Bei Autoreisen übernimmt der Fahrer die Verantwortung, während die Flugpassagiere ohne ihr Zutun an ihren Bestimmungsort befördert werden. Sie haben deshalb keine Möglichkeit, andere Menschen in Mitleidenschaft zu ziehen.

Passagiere sind darauf angewiesen, dass die Fluggesellschaft den Sitzplatz, das Essen und Frischluft bereitstellt und dass für den allgemeinen Komfort gesorgt ist. Es ist bekannt, dass die Atemluft in Flugzeugen wieder aufbereitet wird, um die Kosten für die teurere, aber besser geeignete Ventilation zu sparen. Die Passagiere werden somit allen möglichen in der Luft herumschwirrenden Viren und anderen Gesundheitsrisiken ausgesetzt. Viele Menschen fühlen sich nach einer Flugreise krank und wissen nicht, warum. Die Fluggesellschaft achtet nicht auf die Gesundheit ihrer Fluggäste, weil sie mehr Geld verdienen will. Auch hier zeigt sich wieder die Sorglosigkeit im Umgang mit dem einzelnen Menschen.

Die Luftverschmutzung ist ein weiteres, sich stark ausbreitendes Problem, das besonders dicht bevölkerte Städte belastet. Die von tausenden privaten Autos, kommerziellen und öffentlichen Fahrzeugen ausgestoßenen Auspuffgase verunreinigen die Luft, die sich gesundheitsschädigend auf die Einwohner auswirkt.

Los Angeles, die Stadt, in der ich lebe, ist eine der am meisten verschmutzten Städte, was den Smog angeht. Sie liegt in einer natürlichen Mulde und wird von Bergen und dem Ozean umgeben. Durch diese Lage ergibt sich eine Inversion, die die Abgase der Fahrzeuge und die durch die Industrie verursachte Verunreinigung zu bestimmten Jahreszeiten näher am Boden belässt und so eine dichte Schicht bildet, in der die Menschen leben und atmen müssen. Empfindliche Menschen leiden an allergischen Reaktionen, wie Nebenhöhlenbeschwerden, Kopfschmerzen, Brechreiz, Schwindelgefühl, Benommenheit und Schwächegefühl.

Wenn ich von Auslandsreisen zurückkehre und das Flugzeug

Los Angeles in einer Smog-Periode anfliegt, bin ich jedes Mal schockiert über die bräunliche Schicht, die die Sicht auf den blauen Himmel und die Wolken verdunkelt, die ich als Kind so liebte und an denen man sich in weniger verunreinigten Gegenden immer noch erfreuen kann.

Was für ein hoher Preis doch für den Fortschritt zu zahlen ist! Die Achtlosigkeit im Umgang mit der Gesundheit der Weltbevölkerung hat zu der gegenwärtigen kritischen Situation beigetragen, die fast überall anzutreffen ist. Sie beinhaltet schlechte Luft, schlechtes Wasser und schlechte Nahrung. Wir fühlen uns zu hilflos, zur Gesundung dieser kritischen Situation auf individueller Ebene beizutragen. Unsere Gesundheit und somit auch unsere Lebensqualität werden sich dramatisch verschlechtern, wenn wir die Umwelt weiterhin derart achtlos verschmutzen.

Jeder sollte sich im Klaren darüber sein, dass diese Umweltprobleme uns sehr schnell überwältigen könnten. Wir fragen uns vielleicht, welchen Beitrag wir leisten könnten, um diese Situation zu verändern. Wir könnten damit anfangen, unser eigenes Verhalten zu verändern und beispielsweise im Straßenverkehr höflicher gegenüber anderen Fahrern sein und uns mit einem Zuwinken oder Lächeln für eine erwiesene Zuvorkommenheit bedanken. Wir könnten Autobahnen meiden, wenn wir etwas getrunken oder Medikamente eingenommen haben. Wir könnten unseren kleinen Teil dazu beitragen, die Luftverschmutzung zu verringern, wenn wir Spritztouren mit Einkaufsfahrten verbinden, uns zu Fahrgemeinschaften zusammenschließen oder öffentliche Verkehrsmittel benutzen, wenn dies möglich ist.

Täglich könnten wir diese kleinen Veränderungen beisteuern und somit den Prozess einleiten. Wenn wir unser Herz öffnen und freundlicher und rücksichtsvoller anderen gegenüber sind, werden auch sie bereit sein, ihr Herz zu öffnen.

Kapitel 31

Die Medien

Was beeinflusst uns heute am meisten? Ich glaube, die meisten werden mir zustimmen, dass es das Fernsehen ist. Diese moderne Erfindung dient der Bildung und Unterhaltung. Das Fernsehen liefert Informationen, die viele Menschen ohne Fernsehen nie hätten erfahren können. Es kostet weniger als die üblichen Gebühren für Vorträge oder Kurse. Es ist zu Hause verfügbar, die Familienmitglieder müssen nicht die Wohnung verlassen, sie sparen somit die Kosten für Anfahrt und Parkgebühren. Die Menschen können in Freizeitkleidung fernsehen, in privater Atmosphäre. Das Fernsehen vermittelt also auf recht bequeme Art Informationen. Das klingt alles sehr positiv, aber leider haben viele Programme einen fragwürdigen Einfluss auf die breite Öffentlichkeit.

Die Regisseure und Produzenten von Fernseh- und Kinofilmen erreichen buchstäblich Millionen von Menschen in jedem Land. Positive, erbauliche Botschaften könnten die in der Welt vorherrschende düstere Situation verbessern. Aber stattdessen erreichen Fernsehprogramme und Kinofilme, die an die primitiven Instinkte und Emotionen appellieren, eine ungeheure Zuschauerzahl. Kinder und Jugendliche sind besonders gefährdet, denn junge Menschen absorbieren alles, was sie sehen und hören, ohne Wertmaßstäbe anzulegen, denn die Urteilsfähigkeit wird erst später im Leben entwickelt. Junge Menschen werden täglich zu Hause mit negativen Botschaften konfrontiert, die ihnen keine ausgewogene Sicht auf das Leben vermitteln.

Eine der üblichen Rechtfertigungen, warum gewalttätige und negative Unterhaltung ausgestrahlt wird, lautet, dass die Leute sie sehen wollen. Da die Medien und Filmverleiher so viele Kunden wie möglich werben wollen, versuchen sie auch möglichst viele Zuschauer zu erreichen.

In meiner Wachtraum-Arbeit wurde mir gezeigt, dass unmittelbare Sinneseindrücke empfangen werden, obwohl wir uns dessen gar nicht bewusst sind. Das geschieht auch, wenn wir schlafen oder bewusstlos sind. Viele Eltern erlauben ihren noch sehr kleinen Kindern, stundenlang fernzusehen, um sie beschäftigt und ruhig zu halten und um ungestört zu sein. Die Kinder werden negativer Konditionierung ausgesetzt, ob sie es mit ihrem bewussten Verstand begreifen oder nicht. Diese Informationen landen auf der Ebene des Unterbewusstseins und verbleiben dort, vom bewussten Verstand unverdaut und nicht verarbeitet. Dies kann verschiedene psychologische und emotionale Probleme im späteren Leben bereiten. Dieses Verhalten ist ein gutes Beispiel dafür, wie Eltern ihr Herz für das Wohlergehen ihrer Kinder verschließen, wenn sie ihnen erlauben, ungeeignete Programme anzuschauen.

Negative oder reißerische Programme werden öffentlich ausgestrahlt, ohne Rücksicht auf die Wirkung, die sie auf Millionen Zuschauer haben. So wurde aus dem einst verheißenen, positiven Einfluss ein zweischneidiges Schwert, denn das Fernsehen kann Menschen in der ganzen Welt negativ beeinflussen.

Aber nicht nur die Medien allein sind für diesen Zustand verantwortlich. Sie geben, wie gesagt, der Öffentlichkeit das, was sie sehen will. Es liegt also an uns, die Programme entsprechend zu ändern. Wir müssen Sendungen verlangen, die geeignet sind, das Gemüt der Zuschauer zu heben und nicht zu belasten.

Seifenopern, Liebesromane, Kinofilme und Theaterstücke werden oft als Flucht vor dem Alltag benutzt. Viele Menschen identifizieren sich mit den Darstellern auf dem Bildschirm oder den Helden im Buch und leben stellvertretend dieses aufregende, porträtierte Leben, das jedoch keine Herausforderung für sie bedeutet. Sie vermeiden dadurch, Beziehungen mit lebenden Menschen einzugehen. Da sie die völlige Kontrolle über diese imaginäre Beziehung haben, bleibt sie einseitig und ihr Herz bleibt gegenüber den lebenden Menschen, mit denen sie sich gegebenenfalls auseinander setzen müssten, verschlossen.

Werbung nimmt einen immer größeren Platz im Fernsehen ein und hat auf Menschen jeden Alters eine enorme Wirkung. Kleine Kinder werden durch Reklame leicht verführt und drängen ihre

Eltern, die Sachen zu kaufen, die auf dem Fernsehschirm, in Zeitungen oder Illustrierten angepriesen werden.

Die Käufer werden kaum über die Wirkung des Produktes aufgeklärt und schon gar nicht ehrlich über dessen Wert oder Brauchbarkeit unterrichtet. Das Hauptinteresse scheint zu sein, möglichst viel zu verkaufen, um den Firmen den größtmöglichen Profit zu garantieren.

Die Werbung als solche ist nicht das Problem. Wir alle müssen wissen, welche Waren wo erhältlich sind. Die unehrliche Beschreibung eines Produktes und der behauptete Nutzen, den es dem Käufer bringt, sind jedoch irreführend, und zwar besonders dann, wenn Kinder angesprochen werden. Kinder sind eine beliebte Zielgruppe, um den Verkauf von Waren zu steigern, für die im Fernsehen Reklame gemacht wird, die in tausenden von Haushalten in der ganzen Welt ausgestrahlt wird. Die Verlockung, immer mehr Zuschauer anzusprechen, ist derart verführerisch, dass mögliche Nachteile, die das Produkt auf Kinder haben könnte, verschwiegen werden, denn sie sollen ja davon überzeugt werden, dieses Produkt besitzen zu müssen. Kinder sind für sinnliche Reize sehr empfänglich und wollen das haben, was sie in der Reklame sehen, ganz besonders dann, wenn ihre Spielkameraden es auch haben.

Hier wird die Grundlage für die zukünftige Einstellung gelegt, dass der Besitz dieser »wünschenswerten« Dinge glücklich macht. Menschen, die für die Werbung zuständig sind, haben verschlossene Herzen und tragen nicht nur zu dieser falschen Einstellung bei, sondern verdienen auch noch Geld damit.

Einen sehr starken Einfluss auf das Leben von Kindern und Jugendlichen hat Musik. Wie im Kapitel »Verhätschelte Haustiere...« erwähnt, reagieren selbst Pflanzen auf Musik. Das trifft mit Sicherheit auch auf menschliche Wesen zu, und besonders auf Jugendliche, die sehr empfänglich für sinnliche Reize sind. Man hat beobachtet, dass Pflanzen sich klassischer Musik zuwenden, sich dagegen von lauter, hämmernder Musik, wie Rock and Roll und Rap, abwenden.

Kinder hören diese Musik stundenlang mit Kopfhörern. Laute

Musik kann, wie sich herausgestellt hat, das Gehör beeinträchtigen. Abgesehen von dieser Beeinträchtigung durch Musik mit ihrem hypnotischen Rhythmus beinhalten die Texte Aussagen, die besonders auf kleine Kinder eine äußerst negative Wirkung haben. Obwohl sie die Botschaften der Lieder nicht immer bewusst verstehen, werden Kinder auf unbewusster Ebene durch die so vermittelte Gewalttätigkeit, Ruchlosigkeit und Rücksichtslosigkeit programmiert. Bei einigen kleinen Kindern wurde beobachtet, dass sie gern Kraftausdrücke gebrauchen und gewalttätig werden, selbst wenn sie sich der Bedeutung dieser Worte nicht bewusst sind.

In seinem Programm zur Begrenzung der Wünsche weist Baba darauf hin, dass Nahrung nicht nur Essen und Trinken bedeutet, sondern auch alles, was wir mit unseren fünf Sinnen aufnehmen: Augen, Ohren, Nase, Mund und Haut. Alles was wir sehen, hören, schmecken, einatmen oder berühren, ist auch eine Form von Nahrung.

Wir wählen zwar immer bedachter und sorgfältiger aus, was wir essen und trinken, um gesundheitsschädigende Nahrung zu vermeiden. Wir sollten aber auch besser über die mögliche Wirkung anderer Formen von »Nahrung«, auf die sich Baba bezieht, Bescheid wissen.

Die beiden Hauptkategorien umfassen alles, was wir sehen, und alles, was wir hören. Welche Informationen nehmen wir über unsere Augen auf, wenn wir fernsehen und Filme anschauen oder wenn wir Bücher, Illustrierte und Zeitungen lesen, die heute oder zu einem späteren Zeitpunkt einen negativen Effekt auf uns haben könnten?

Was nehmen wir über unsere Ohren auf, das unserer Gesundheit oder unserem Wohlbefinden schaden könnte? Fragwürdige Radiosendungen, bestimmte Musik, Tratsch, Kritik an anderen oder obszöne Geschichten fallen unter diese Kategorie.

Wir allein können bestimmen, was wir davon aufzunehmen bereit sind. Wir sind für eine gewissenhafte Auswahl verantwortlich, wenn wir für uns oder unsere Familie Entscheidungen treffen. Wir sollten das Wohlergehen eines jeden Einzelnen berücksichtigen und uns nicht davon leiten lassen, was für uns selbst bequem und einfach ist. Nur so treffen wir Entscheidungen mit offenem Herzen und nicht nur mit dem Verstand.

KAPITEL 32

Charisma und der Mythos des öffentlichen Images

Manche Menschen sind umrankt von einem Mythos, von dem sie selbst oft nichts wissen. Er setzt sich aus wahren und falschen Beobachtungen anderer Menschen zusammen, die ihr Leben, ihre Kontakte, ihren Besitz, ihre Beziehungen betreffen, und aus den verschiedenen Projektionen dieser Menschen auf sie. Manchmal wird dieser Mythos aber auch von den Betroffenen selbst geschaffen. Dieses falsche Bild ist eine Gedankenform, die aus den Vorstellungen und Wünschen vieler Menschen gewoben wurde und aus diesem Grunde kaum der tatsächlichen Person entsprechen kann.

Das beste Beispiel für dieses Phänomen sind Menschen, die in der Öffentlichkeit stehen, wie Filmschauspieler, Politiker, Musiker, Schriftsteller, bekannte Sportler, Vortragende, Künstler und viele andere Menschen, die öffentliches Interesse erregen. Diese Menschen werden lang und breit in den verschiedenen Medien besprochen. Selbst die kleinsten sie betreffenden Neuigkeiten werden zusammengetragen und öffentlich bewertet.

Das Fernsehen hat enorm zu diesem Phänomen beigetragen, denn es berichtet, entweder positiv oder negativ, Millionen von Zuschauern in der ganzen Welt über jeden, der wichtig erscheint. Diese Neuigkeiten über berühmte Persönlichkeiten werden durch das beginnende Internet-Zeitalter noch stark anwachsen.

Unterschwellig aber herrscht die Einstellung vor, dass diese so genannten Berühmtheiten etwas ganz Besonderes sind und wichtiger als irgendjemand sonst auf der Welt, denn sie stehen im Rampenlicht. Menschen, die öffentliche Personen verehren, hoffen, dass von deren Glanz etwas für sie abfällt und sie dadurch die lang ersehnte Anerkennung bekommen.

Öffentlich gefeierte Menschen sind Zielscheiben für widersprüchliche Bewertungen. Sie werden kopiert von denen, die sich ähnlichen Ruhm ersehnen, und denunziert von denen, die eifersüchtig auf ihren Erfolg sind oder sich von diesem Erfolg bedroht fühlen. Diese doppelpolige und konfliktbeladene Massenprojektion verursacht den meisten Heldinnen oder Helden einen gewaltigen Stress. Unter der Last der ständigen Bewertung ihrer Worte und Taten brechen manche zusammen.

Ein Beispiel, das mir sofort in den Sinn kommt, ist Prinzessin Diana aus England. Ständig wurde sie von Millionen Menschen beobachtet und in übertriebenem Maße entweder bewundert oder kritisiert. Sie war nicht nur der Traum vieler Frauen, die gern mit ihr getauscht hätten, sondern auch der Traum vieler Männer, die sie als ideale Partnerin ansahen. Für manche war sie ein Engel, für andere ein Objekt ständigen Klatsches und konstanter Kritik. Keines der projizierten Bilder jedoch zeigt, wer sie wirklich war.

Viele Menschen versteigen sich in Phantasie-Beziehungen mit charismatischen Figuren als Ersatz für tatsächliche Beziehungen. Oft ist es einfacher, sich eine perfekte Beziehung mit einer romantischen Figur einzubilden, denn sie schafft nicht die Probleme, die mit lebenden Personen auftreten.

Die Verliebtheit mancher Menschen in eine öffentliche Person kann sich bis zur Besessenheit steigern und zu Gewalttätigkeiten führen, wenn das angehimmelte Idol nicht entsprechend reagiert. Hier handelt es sich um ein Extrem, viele Menschen aber versteigen sich in einseitige Phantasie-Beziehungen, nur in geringerem Ausmaß. Wenn persönliche Beziehungen nicht die in sie gesetzten Erwartungen erfüllen, fühlen Menschen sich entweder zu öffentlichen Personen hingezogen oder zu Menschen in ihrem Bekanntenkreis, die ihren Erwartungen zu entsprechen scheinen.

Wir sollten unsere eigenen Reaktionen auf charismatische Personen betrachten und überprüfen, ob auch wir sie idealisieren, nur weil unsere eigenen Beziehungen nicht glücklich sind. Andererseits sollten wir uns aber auch fragen, ob wir öffentliche Personen zu kritisch sehen, um uns selbst besser zu fühlen. Beides ist eine Art Flucht, die eine von Herzen kommende Beziehung mit allem und jedem in unserem Leben verhindert.

KAPITEL 33

Der Trugschluss der Selbstüberhebung und die Wichtigkeit des Selbst

Wie ich bereits erwähnt habe, ist das Konkurrenzdenken überall erkennbar. Es durchdringt jeden Bereich des Lebens und verursacht ungerechtfertigten Stress sowohl bei einzelnen Menschen als auch in Gruppen, die sich gezwungen sehen, gegeneinander anzutreten. Dieser Stress ist besonders schädlich für Kinder und Jugendliche, die sich in einem Selbstfindungsprozess befinden und noch ihren Platz in der Gesellschaft suchen.

Besser als andere zu sein oder, im Extremfall, besser als alle anderen zu sein, sowohl körperlich als auch geistig, ist das erstrebte Ziel, das Nonplusultra.

Der Sinn des Lebens besteht aber nicht in Sieg und Wettkampf oder in der eigenen Wichtigkeit; im Grunde genommen ist der Sinn des Lebens das genaue Gegenteil. Das Leben eines jeden Menschen gibt ihm die Möglichkeit, bestimmte Lektionen zu lernen, sich von falschen Überzeugungen zu trennen und die Vereinigung mit dem wahren Selbst anzustreben. Dies ist die eigentliche, bewusste oder unbewusste, Motivation eines jeden Menschen. Auf der Ebene des wahren Selbst sind wir alle gleichwertig, weder wichtiger noch unwichtiger als andere. Den Gedanken, dass das Selbst wichtig ist, können viele aber nur schwer akzeptieren, denn die Daseinsberechtigung des Egos ist es, wichtig zu sein und Macht auszuüben. Das Ego fürchtet, seine Rolle zugunsten des Höheren Bewusstseins zu verlieren, und wird um die Beibehaltung seiner Stellung und Autorität kämpfen. Dieser Kampf um die Vormachtstellung wütet in den meisten Menschen und verursacht Ärger, Depression, Neid, Eifersucht, Intoleranz, Grausamkeit und den Ausbruch kämpferischer Emotionen. Wenn Menschen Sai Baba in seinem Ashram besuchen, wird dieser Prozess oft zum Erstaunen und zur Verlegenheit der Betroffenen noch verstärkt.

Ich erinnere mich, dass sich während eines Besuches im Ashram eine Amerikanerin sehr daneben benahm. Sie sprach mit sehr lauter Stimme, rief nach Baba und übertrat ständig die Regeln des Ashram, die für Ordnung unter den vielen Besuchern von Babas Darshan sorgen. Viele Leute, besonders aber die jüngeren, ärgerten sich darüber, dass es ihr erlaubt war, sich derart unhöflich zu benehmen, während man von ihnen verlangte, die Regeln zu befolgen. Außerdem ärgerten sie sich darüber, dass Baba ihr Verhalten zu billigen schien und ihr große große Aufmerksamkeit schenkte. Ein Mitglied der U.S.-Sai-Organisation befragte Baba über dieses sonderbare Verhalten. Baba lächelte mild und sagte, dass er der Frau absichtlich seine Aufmerksamkeit schenkte, um Eifersucht und Neid bei denen aufzuwühlen, die noch nicht einmal wussten, dass sie zu solch negativen Emotionen fähig waren, da diese so gut verborgen waren. Er hatte sich dieser Frau bedient, um den anderen Anhängern ihre eigene Negativität bewusst zu machen, von der sie bis dahin selbst nichts wussten. Er zögert nicht, sich eines Menschen zu bedienen, um seine Lehren zu demonstrieren, denn wir alle lernen voneinander.

Babas außerordentliche Energie, seine expansive, allumfassende Liebe scheint unbewusste Emotionen, Eigenschaften und Verhaltensmuster in solchen Menschen aufzuwühlen, die sich selbst sehr wichtig nehmen. Baba aber lehrt die Wichtigkeit des Selbst, die Gleichwertigkeit eines jeden Menschen auf der Ebene des Höheren Selbst. Baba sagt: »Es mögen Unterschiede bestehen zwischen Menschen bezüglich der körperlichen Stärke, des finanziellen Status', des geistigen Scharfsinns – aber alle sind vor Gottes Auge gleich.«

Viele Menschen wollen etwas Besonderes sein; sie fühlen sich wichtig und wollen als VIP behandelt werden. Was ist ein VIP und wer sind diese »very important persons«, diese so wichtigen Leute, die es überall zu geben scheint? Manche sind bekannte Persönlichkeiten des öffentlichen Lebens, andere nicht, und wieder andere werden nur indirekt so bezeichnet, weil sie spezielle Funktionen haben.

Leider werden VIPs nur mit weltlichen Maßstäben gemessen, wie Reichtum, gesellschaftliche oder politische Stellung, äußerliche Schönheit, Scharfsinn, Macht, hervorragende sportliche Leistungen; manche sind begabte Schauspieler und Sänger. Sie werden nicht gemessen an ihrer Bereitschaft, anderen zu dienen, nicht an ihrer wahren Menschlichkeit, Selbstlosigkeit und anderen Eigenschaften wie Fürsorge und Liebe. Das VIP-Schild ist an dem »kleinen Selbst« befestigt und bewertet Qualitäten, die von der Allgemeinheit bewundert werden. Da aber die äußere, sichtbare Persönlichkeit nur die Hülle der wahren Person ist, sind die Schmeicheleien einer VIP-Person gegenüber Zeitvergeudung. Diejenigen, die Helden verehren, beurteilen Menschen nach ihrem Äußeren.

Andere Menschen als VIPs zu behandeln trägt zum Herz-Bypass bei. Das Herz von Menschen, die sich weniger wichtig vorkommen, ist oft verschlossen, denn sie fühlen sich minderwertig. Aber auch die Herzen der so genannten VIPs sind verschlossen, wenn ihnen das Gefühl gegeben wird, überlegen zu sein.

Im Grunde genommen gibt es keine VIPs, denn wir sind im Kern unseres Seins alle gleich. Wenn diese Wahrheit erfahren wird, kann sich das Herz mit der Liebe wieder vereinen und die universale Liebe ausdrücken, wofür es so vollkommen erschaffen wurde. Auf diese Weise kann der Herz-Bypass langsam auf individueller Ebene geheilt werden und dann, automatisch, auch auf weltlicher.

KAPITEL 34

Sei glücklich!

Baba sagt, wir sollen glücklich sein
egal, was uns das Leben bringt,
ob wir etwas mögen
wie Menschen, Beruf und andere Dinge,

Oder ob es schmerzvoll ist
und wir darüber weinen
und uns manchmal wünschten,
der Tod käme schnell herbei.

Baba sagt, wir haben freie Wahl,
wie wir die Dinge sehen,
und es liegt stets an uns,
wie wir weitergehen.

Er sagt, die Straße, auf der wir gehen,
ist holprig und nicht eben,
sie geht hinauf, wenn wir glücklich sind
und hinab, wenn wir traurig sind.

Wir sind froh, wenn alles gut geht,
und fühlen uns erschlagen, wenn wir traurig sind,
warum nicht senkrecht, gerade gehen
und beides nehmen, gut und schlecht?

Baba sagt oft zu jemandem: »Sei glücklich.« Wenn ich an meine vielen Besuche in Indien zurückdenke, stelle ich fest, dass sich dieser Ausspruch wie ein roter Faden durch seine Reden, Interviews und die beiläufigen Begegnungen während des Darshan zieht. Dieser Ausspruch ist eine seiner wichtigsten Lehren.

Wir neigen dazu, uns viel zu ernst zu nehmen. Viele Menschen gehen wie mit einer schweren Last beladen gebeugt durchs Leben. Wir nennen es dann »Verantwortung tragen«. Aber Baba bezeichnet diese Last als »Übergepäck«.

Wir glauben, dass der richtige Partner, der uns liebt, uns bis ans Ende unserer Tage glücklich machen würde, so wie im Märchen. Wir sind auf der Suche nach Geld und all den vielen Dingen, die wir uns dafür kaufen können. Wir essen zu viel, denn Essen ist oft der vergebliche Versuch, vorübergehend glücklich zu werden. Wir geben uns dem Alkohol und den Drogen hin, die uns das so begehrte, flüchtige Gefühl der Sorglosigkeit vermitteln, das wir mit Glück gleichsetzen. Wie oft hören wir den Satz: »Ich wäre glücklich, wenn ...«. Diese Voraussetzungen aber für das ersehnte Glück liegen in der Außenwelt, während Baba uns sagt, dass das wahre und beständige Glück nur im Inneren gefunden werden kann.

Was hält uns eigentlich davon ab, dieses Glück zu finden, nach dem wir uns alle sehnen und das so schwer zu finden ist? Wenn wir mit einer Situation konfrontiert werden, die wir nicht mögen oder nicht handhaben können, fühlen wir uns bedroht und überfordert. Unser Wohlbefinden ist dahin, wir sind nicht mehr glücklich. Bekommen wir nicht das, was wir wollen, sei es ein Gegenstand, eine menschliche Beziehung oder etwas weniger Greifbares – wie Beförderung, Ehre, Anerkennung, die Möglichkeit, auf irgendeinem Gebiet erfolgreich zu sein oder auch nur unseren Willen durchzusetzen –, sind wir unzufrieden und fühlen uns unglücklich.

Beständiges Glück kann nicht durch irgendetwas oder irgendjemanden außerhalb unseres Selbst gefunden werden, es kann nur aus unserem Inneren kommen. Diese Quelle des Glücks wird Liebe genannt.

Wenn wir wirklich glücklich sein möchten, müssen wir unser Herz öffnen und die Liebe, die unser wahres Wesen ist, den Menschen zukommen lassen, die bereit sind, sie zu empfangen. Es bedarf nur einer einfachen Übung, etwas Zeit und Energie und der Lohn wird über alle Massen hoch sein, wie ich aus Erfahrung weiß.

Anstatt Liebe zu suchen, sie zu erwarten oder sie sogar von bestimmten Menschen einzufordern, wie viele es tun, schicke ich die Liebe des Höheren Bewusstseins all denen, die ich kenne und die ich treffe. Wenn ich daran denke, es zu tun, fließt Liebe buchstäblich aus völlig unerwarteten Quellen zu mir zurück. Alle Menschen sind hungrig nach Liebe, denn sie wurden oft von der eigennützigen Liebe anderer Menschen enttäuscht. Wenn sie die bedingungslose Liebe des Höheren Bewusstseins fühlen, können sie unbeschadet ihr Herz öffnen und sie empfangen. Erst dann können sie auch anderen Menschen Liebe schenken. Sind wir bereit, dasselbe zu tun, wird uns das Ergebnis oft überraschen. Menschen, mit denen wir Schwierigkeiten hatten, scheinen ihr Verhalten zu ändern und unsere Beziehung mit ihnen verbessert sich beträchtlich.

KAPITEL 35

Arbeit als Dienst an Gott

Ich habe nur einige der wichtigsten Gebiete behandelt, auf denen sich der Herz-Bypass weltweit so dramatisch offenbart. Es gibt selbstverständlich noch sehr viel mehr Gebiete, aber ich kann in diesem Buch nicht auf alle eingehen. Wir können selbst entsprechende Beispiele aus unserem eigenen Leben finden, die sich von denen anderer unterscheiden.

Da immer mehr Menschen Zugang zur Arbeitswelt haben, sollten wir unser Verhalten überprüfen und nach Beispielen suchen, wo wir vielleicht unbewusst ausschließlich mit unserem Verstand und Intellekt entscheiden und nicht unser Herz und Gefühl mit einbeziehen. Wir müssen unbedingt abwägen, wie sich die mit unserem Verstand getroffenen Entscheidungen auf Menschen auswirken, die von den Entscheidungen betroffen sind.

Da wir in unseren verschiedenen Inkarnationen ganz offensichtlich zu dem gegenwärtigen Zustand der Welt beigetragen haben, tragen wir auch heute die Verantwortung, unser Herz oder die Yin-Energie mit unserem Leben wieder zu vereinen. Nur so können wir mehr Freundlichkeit, Rücksichtnahme und Verständnis denjenigen Menschen entgegenbringen, mit denen wir arbeiten und leben. Auf diese Weise wird sich das Herz in unserem Land und irgendwann in der Welt wieder mit der Liebe vereinen.

Dieser positive und tatkräftige Versuch wird lohnender sein als unser ständiges Jammern über die gegenwärtigen Probleme, für die wir andere verantwortlich machen, sei es die Regierung und die Politiker oder unsere Vorgesetzten und Arbeitskollegen. Wir können direkt nur unser eigenes Verhalten beeinflussen und harmonisieren. Indirekt aber wird sich unser Verhalten am Arbeitsplatz auswirken und weitere Kreise ziehen.

Wenn Probleme am Arbeitsplatz entstehen, sind sie meistens auf mangelnde Kommunikation und auf Schwierigkeiten im

Umgang mit Arbeitskollegen zurückzuführen. Eine Firma übt Druck auf den Vorgesetzten aus, der seinerseits diesen Druck an die Angestellten weitergeben wird. In vielen Firmen herrschen Konkurrenzdruck und Angst. Wenn in einer Firma Herzlosigkeit vorherrscht, wird jeder einzelne Angestellte davon betroffen sein. Um dieser negativen Situation entgegenzuwirken, empfehle ich den Betroffenen, so zu handeln, wie ich es bei den Flugzeugentführern tat: die Liebe des Höheren Bewusstseins denjenigen Arbeitskollegen zukommen zu lassen, die Schwierigkeiten machen.

Zwei wichtige Faktoren beeinflussen unseren Arbeitsplatz, die wir bedenken sollten: Erstens werden wir mit unseren eigenen Taten aus der Vergangenheit konfrontiert und erhalten heute die Gelegenheit, aus ihnen das zu lernen, was wir damals versäumten, und zweitens können wir ein wenig Licht in unseren Arbeitsplatz bringen, wenn wir der Liebe des Höheren Bewusstseins erlauben, unser Herz zu öffnen. Einer Kettenreaktion gleich, können sich dann die Herzen unserer Arbeitskollegen öffnen, denn diese Liebe wird ihr Leben beeinflussen und Menschen erreichen, die wir vielleicht niemals kennen lernen werden.

Baba empfiehlt, Arbeit als Dienst an Gott anzusehen. Befolgen wir seinen Rat, werden wir Arbeit nicht länger als Plackerei empfinden, sondern das Wahre Selbst, Baba Selbst oder das Höhere Bewusstsein wird uns als sein Instrument benutzen.

Viele Menschen beklagen sich über die Freudlosigkeit und Langeweile in ihrem täglichen Leben und darüber, dass auch die Zukunft deprimierend und ohne Hoffnung auf Besserung erscheint. So beklagen sich meistens diejenigen, die sehnsüchtig auf ihre Pensionierung warten. Viele Jahre haben sie darauf gewartet, frei von täglicher Mühsal zu sein. Zu ihrer großen Enttäuschung müssen sie dann aber feststellen, dass ihnen ihre frühere Arbeitsroutine fehlt. Sie entdecken, dass ständiges Nichtstun langweilig und unbefriedigend ist. Sie nörgeln und sind weitaus frustrierter, als sie es in ihrem täglichen Erwerbsleben je waren. Viele Männer werden krank und sterben verhältnismäßig jung.

Wenn wir jedoch Babas Vorschlag befolgen und Arbeit als

Dienst an Gott betrachten, können wir, solange wir noch arbeiten, von unserem Inneren geleitet werden. Wir sind dann auch nach unserer Pensionierung bereit, ein Instrument des Wahren Selbst zu sein.

Oft bemerke ich scherzhaft, dass Baba alten Menschen und Ruheständlern keine Aufmerksamkeit schenkt. Viele seiner Anhänger aber gehen bis zu ihrem Tode den verschiedensten Beschäftigungen nach.

Aus eigener Erfahrung weiß ich, dass unser Leben ein ständiges Abenteuer voller Überraschungen sein kann, wenn wir dem Höheren Bewusstsein die Führung überlassen. Wir haben dann keine Zeit mehr, gelangweilt zu sein oder uns nutzlos zu fühlen.

KAPITEL 36

Zerbrochene Urne, geknicktes Schilf oder ein vom Baumeister zurückgewiesener Stein?

Ich habe dieses Kapitel geschrieben, um diejenigen Leser zu beruhigen, die sich in irgendeiner Weise unzulänglich fühlen. Vor vielen Jahren, als ich mit einer Partnerin die uns gelehrte Wachtraum-Technik anwandte, wurde ich plötzlich mit dem Bild einer zerbrochenen Urne oder Vase konfrontiert. Sie war in viele hundert kleine Teile zerbrochen und mühevoll wieder zu ihrer ursprünglichen Form zusammengesetzt worden.

Ich wunderte mich, warum sich gerade mir dieses Bild offenbarte, und fragte nach dem Grund. Die Antwort, die ich erhielt, versetzte mir einen derartigen Schock, dass ich in Tränen ausbrach. Mir wurde gezeigt, dass ich selbst wie diese zerbrochene und zusammengeflickte Urne war. Dieser Gedanke entsetzte und deprimierte mich. Ich wusste, dass mir mein physischer Körper seit meiner Kindheit viele Sorgen und Schmerzen bereitet hatte, aber dass er mir in diesem Zustand gezeigt wurde, war für mich unfassbar. Dann, am Höhepunkt – oder genauer ausgedrückt – am Tiefpunkt des Schocks, erhielt ich eine andere Botschaft aus meinem Inneren. Die Urne stellt die physische Hülle dar, in der das Licht oder das Wahre Selbst wohnt, und so konnte das innere Licht durch alle Bruchstellen ungehindert hindurchscheinen. Andere Einblicke folgten, und ich erkannte, dass da, wo wir versagen, schwach oder unfähig sind, sich das Licht offenbaren kann; auf Gebieten hingegen, wo wir erfolgreich und stark sind, kommt das Ego (oder Stolz) in die Quere und hindert das Licht daran, hindurchzuscheinen. Auf den Gebieten, von denen wir wissen, dass wir nicht erfolgreich sind, sind wir entsprechend bescheiden und können um Hilfe bitten. Sind wir aber erfolgreich, kommen wir nicht auf die Idee, uns dem inneren Rat der Weisheit zu beugen. Nicht das, was die äußere Hülle ausdrückt, ist wichtig, sondern nur das, was das Höhere Bewusstsein durch alle verfügbaren Kanäle oder Brüche ausdrückt. Jeder hat die Wahl, dem Höheren Bewusstsein die Möglichkeit zu geben, sich unserer Fehler und Schwächen zu bedienen. Wird dem Höheren Bewusstsein diese Möglichkeit gegeben, sich auch durch das schwächste und kleinste Gefäß auszudrücken, wird sich das auch auf der Welt bemerkbar machen. Wenn nur ein einziger Mensch das geschehen lässt, wird sich die Welt zum Besseren wenden.

Welches sind die Kanäle oder Fenster, durch die sich das Höhere Bewusstsein ausdrückt? Jedes Leben gibt uns die Möglichkeit, eine oder mehrere Lektionen zu lernen. Unser Leben gestattet uns auch, die Entwicklung der verschiedenen Aspekte unseres Wesens der Führung des Höheren Bewusstseins zu überlassen. Tun wir das, dann kann das Licht auch durch die Brüche und Unvollkommenheiten des unbrauchbarsten Gefäßes hindurchscheinen. Warum zögern wir, es geschehen zu lassen?

Kaum hatte ich den ursprünglichen Schock überwunden, selbst dieses zerbrochene Gefäß zu sein, beeindruckte mich diese Erfahrung sehr. Mir selbst ist schmerzlich bewusst, dass ich viele Schwächen habe, und dieses Wissen hat mich stets deprimiert, denn ich wusste nicht, wie ich sie überwinden sollte. Dann wurde mir gezeigt, dass sich das Höhere Bewusstsein dieser Schwächen bedienen kann, um sein Selbst zu offenbaren. Ja, ich war damals ein recht unbrauchbares Gefäß und jeder, der mich in dieser Zeit kannte, wird dem zustimmen. Das Höhere Bewusstsein aber kann jeden benutzen, der bereit ist, sein Instrument zu werden, und Es kann selbst durch zerstörte Gefäße Wunder vollbringen.

Körper/Ego/Persönlichkeit gleichen einem wichtigen Gerüst, das um ein Gebäude errichtet wird, wenn es sich noch im Bau befindet. Sobald das Gebäude aber fertig gestellt ist, bedarf es des Gerüstes nicht mehr. Wenn wir dem Licht oder der Liebe erlauben wollen, hindurchzuscheinen, brauchen wir das physische Gerüst, den Lampenschirm oder den Körper nicht mehr, denn dann ist das Licht die einzige Wirklichkeit. Plötzlich verstand ich die Bedeutung eines Bibelspruches, den ich als Kind oft gehört hatte: »Der Stein, den die Bauleute verwarfen, ist zum Eckstein geworden« (Psalm 118,22), und: »Man zündet auch nicht ein Licht an und stülpt ein Gefäß darüber, sondern man stellt es auf den Leuchter; dann leuchtet es allen im Haus« (Matthäus 5,15).

Wenn ich auf das vergangene Jahr zurückschaue, in dem ich versucht habe, als Instrument Babas oder des Höheren Bewusstseins dieses Buch zu schreiben, frage ich mich, wie es jemals fertig gestellt werden konnte. Niemals zuvor in meinem langen Leben habe ich in so kurzen Abständen so viele Auslandsreisen unternommen, um Seminare über meine Arbeit und Vorträge über Baba zu halten. Ich hatte nur wenig Zeit, um mich auf das Schreiben zu konzentrieren. Außerdem hatte ich noch nie so anhaltende gesundheitliche Probleme und Schwierigkeiten mit den Zähnen wie in diesem betreffenden Jahr. Zu all diesen Verzögerungen kam noch hinzu, dass ich mich nach dem Tod meines Mannes um all das kümmern musste, was er sonst immer erledigt hatte.

Ich bin sicher, dass ich meinen Aufgaben nicht immer gerecht wurde, auch als Instrument nicht. Wir selbst aber sind diejenigen, die oft Perfektion von anderen und von sich selbst erwarten. Diese Erwartungshaltung ist ebenfalls eine Ausdrucksform des Egos, das versucht, Macht über uns auszuüben. Baba sagt, wenn wir unser Handeln Gott widmen und seine Instrumente werden, entsteht durch unser Handeln kein weiteres Karma, denn wir sind nicht diejenigen, die handeln.

Das muss jedoch nicht unbedingt bedeuten, dass damit zugleich das Karma, das durch unsere Taten in den vielen vergangenen Jahren entstanden ist, ausgeglichen wird. Ich bin jedes Mal sehr erstaunt, wenn mir jemand mit selbstgefälligem, zufriedenem Lächeln erklärt, dass dieses Leben sein letztes sein wird und dass er oder sie sich mit Baba vereinen wird. Wie anmaßend! Wir können einfach nicht wissen, ob das zutrifft, und wo wir uns auf unserem Weg befinden, um das Karma auszugleichen. Anstatt sich auf den eingebildeten Lorbeeren einer solchen Hoffnung oder eines derartigen Glaubens auszuruhen, was dem Gipfel eines

Egotrips gleichkommt, sollten wir an unserem gegenwärtigen Leben arbeiten. Nur dieses Leben gibt uns die Gelegenheit, dem Wahren Selbst zu erlauben, uns als Instrument zu benutzen und, wann immer die Zeit gekommen ist, unsere Persönlichkeit zu sich zu nehmen.

Wiederum heißt es: »Dein Wille, nicht mein Wille geschehe«.

Diejenigen, die das Buch *Ziel aller Reisen* gelesen haben, fragen mich immer wieder, ob ich noch unter den unerträglichen Kopfschmerzen leide, die ich fast mein ganzes Leben lang hatte. Baba sagte mir damals, sie hätten fünf verschiedene Ursachen und er würde mir helfen. Ja, ich freue mich, sagen zu können, dass die Ursachen allmählich und schrittweise verschwunden sind; es dauerte ungefähr zehn Jahre vom Tag seiner ersten Diagnose an. Die Kopfschmerzen waren jedoch nur eines meiner körperlichen Gebrechen, die ich in dieses Leben als Lernprozess übernommen habe.

Oft habe ich Baba über meine angegriffene Gesundheit befragt, und er hat mir in den Jahren, in denen wir ihn besuchten, unterschiedliche Antworten gegeben. Bei unserem ersten Besuch sagte er, der Körper müsse vor einer möglichen Erleuchtung gestärkt werden. Bei einem weiteren Besuch sagte er mir, dass die Probleme nicht geistiger Art seien, sondern einen körperlich-mechanischen Ursprung hätten. Das war eine kleine Erleichterung, half aber wenig, meine Not zu lindern. Bei einem späteren Interview erklärte er mir, mein Körper gliche Kurukshetra, einem Schlachtfeld, das in dem indischen Klassiker, der *Bhagavad-Gita* beschrieben wird. Auf diesem Schlachtfeld bekämpfen sich zwei widerstreitende Armeen von Gut und Böse. Auch das war nur ein schwacher Trost.

Bei einer anderen Gelegenheit schaute er sich in der Gruppe um, die auf ein Interview wartete. Mein Mann und ich waren die Einzigen, die aus dem Westen kamen; alle anderen waren Inder. Als er mich sah, verzog er das Gesicht und verkündete vor den versammelten Menschen: »Arme Frau Krystal hat Bauchschmerzen«, und er genoss die Tatsache, dass mich zu dieser Zeit das Entsetzen packte, wenn ich ins Scheinwerferlicht gerückt wurde.

Mit diesem Kommentar noch nicht zufrieden, fügte er hinzu: »Nicht nur Bauchschmerzen, sondern auch Kopfschmerzen, schlechte Augen, Rückenschmerzen und schlechte Füße.« Zu meiner großen Überraschung antwortete ich: »Wenn das mein Karma ist, hilf mir, alles so schnell wie möglich zu beenden.« Bei dieser Bitte musste die ganze Gruppe, einschließlich Baba, laut lachen.

Baba machte viele ähnliche Bemerkungen und materialisierte zu verschiedenen Gelegenheiten heilende Asche, *vibhuti* genannt, und Pillen verschiedener Form und Größe, aber alle halfen bis jetzt nicht. Dann aber, als ich gerade dieses Buch beenden wollte, erhielt ich eine erstaunlich einfache, aber anscheinend die richtige Antwort.

Ich fühlte mich seit Wochen sehr unwohl und hatte kaum die Energie, mehr zu tun als das unbedingt Notwendige, als ein enger Freund anrief und mir mitteilte, dass auch er sich sehr deprimiert fühlte. Er hatte zu nichts Lust und fragte, ob wir nicht gemeinsam um Hilfe bitten könnten. Ich teilte ihm meine Zweifel mit und dass ich mich nicht gesund genug fühlte, um unterscheiden zu können, ob mir das Höhere Bewusstsein oder mein verwirrter Verstand die Antwort geben würde. Trotzdem aber wollte ich versuchen, für uns beide um Hilfe zu bitten.

Nachdem wir uns still niedergelassen hatten und um Hilfe baten, erschien zunächst ein sonderbar gespaltenes Bild von uns beiden. Es war, als ob jeweils eine Hälfte des einen an der anderen Seite des anderen stand, Zwillingen ähnlich. Nur war eine Seite weniger fest oder dicht, dafür strahlender. Wir erhielten die Aufforderung, über dieses Doppelbild nachzudenken. Wir taten es, obwohl keinem von uns klar war, was es uns tatsächlich offenbaren wollte.

Nachdem wir einige Minuten lang still dagesessen hatten, erhielt ich die Erklärung.

Zunächst wurde mir gezeigt, dass, obwohl mein Freund und ich sehr gegensätzlich waren und scheinbar auch sehr unterschiedliche Probleme hatten, wir doch etwas Gemeinsames teilten. Wir beide wurden von unseren Körpern beherrscht: meiner von verschiedenen physisch-mechanischen Bedingungen, seiner von Lust. Wir hatten niemals zuvor diese Ähnlichkeit festgestellt und hätten auch niemals daran gedacht. Es war eine absolute Überraschung für uns beide, obwohl wir ihre Bedeutung und die Richtigkeit sofort erkannten, als sie uns beiden zur Kenntnis gebracht wurde.

Weitere Erklärungen kamen in meinen Sinn. In früheren Leben hatten wir beide äußerste Macht auf andere Menschen ausgeübt, jeder zu einer anderen Zeit und an einem anderen Ort. Jetzt wurden wir von unserem eigenen physischen Körper beherrscht, dem wir auch durch größte Anstrengung nicht entrinnen können, ausgenommen durch den Tod.

Was könnte passender sein, als von dem Vehikel beherrscht zu werden, das durch vergangene Taten geformt wurde und in dem wir heute leben? Was können wir daran ändern? Sich hingeben, vertrauen und annehmen, bis wir den Ausgleich schaffen, zu welchem Preis auch immer.

Also gestatten wir dem Höheren Bewusstsein, das Ruder unseres Schiffes zu übernehmen, das Yin oder den gefühlsmäßigen Weg durch das Leben symbolisiert, und das Lenkrad unseres Autos, das Yang oder den verstandesmäßigen Weg durch das Leben symbolisiert. Dann kann unser Herz sich wieder mit der Liebe vereinen und sie kann durch unsere Herzen in die Welt hinausströmen.

Nachwort

Als ich das Manuskript dieses Buches gerade beendet hatte, ergab sich eine hochinteressante und viel sagende Verzögerung, die das Thema dieses Buches auf sehr grausame Weise veranschaulichte.

Baba hatte mir durch einen aus Indien zurückkehrenden Freund eine Nachricht übermitteln lassen, die er bei zwei verschiedenen Gelegenheiten wiederholt hatte. Ich sollte an der Guru-Purnima-Feier im Juli teilnehmen. Ich erkannte das gleiche Muster, das Baba auch bei den vorhergehenden Büchern angewandt hatte. Bei jedem Buch bat er mich, ihm das Manuskript für seinen Segen zu bringen, und, sobald es veröffentlicht war, wieder zurückzukommen, um ihm eine Ausgabe des Buches zu überreichen.

Nun hatte ich einen festen Termin: Das Manuskript musste bis Anfang Juli fertig gestellt sein.

Kaum hatte ich das Manuskript beendet, sandte ich es per Eilpost an Peggy Lenney, die schon meine vorherigen Bücher gewissenhaft in den Computer getippt hatte. Als es aber am nächsten Tag nicht ankam, rief sie mich an, um es mir mitzuteilen. Als es am Tag darauf immer noch nicht da war, rief sie das zuständige Postamt an, um sich nach dem Grund der Verzögerung zu erkundigen. Ihr wurde mitgeteilt, dass es in der Verteilerzentrale der Post zusammen mit anderen Paketen zurückgehalten worden sei, denn eine Briefbombendrohung sei eingegangen. Es seien bereits Empfänger dieser tödlichen Sendungen verletzt und sogar getötet worden. Alle Postsendungen, die vom Format her eine Briefbombe enthalten könnten, würden ausnahmslos bis zur Inspektion zurückgehalten.

Es war bestimmt kein Zufall, dass diese Bombendrohung gerade zu dem Zeitpunkt eintraf, als ich das Manuskript beendet und abgesandt hatte.

Gibt es ein besseres Beispiel für den Herz-Bypass, als Menschen, die bewusst Bomben verschicken, die die unglücklichen Empfänger der Postsendung verstümmeln oder sogar töten sollen? Das ist ein extremes Beispiel für Hass, der anstatt Liebe hinausgeschickt wird. Dieser eine Vorfall hatte auf unzählige Menschen eine äußerst große Wirkung.

Glücklicherweise gibt es nur wenige derart negative Menschen, aber wir sollten uns bei dieser Gelegenheit fragen, ob nicht auch in uns selbst negatives Verhalten verborgen ist. Wir alle senden verletzende Gedanken, Gefühle und Worte aus und sind zu Taten fähig, die anderen Menschen Schaden zufügen, auch wenn wir nicht unbedingt gleich eine Bombe verschicken.

Angesichts der vielen Beispiele des sich in der Welt offenbarenden Herz-Bypasses, über die ich in diesem Buch geschrieben habe, fühlen wir uns zu hilflos, eine Wende herbeizuführen. Wir sollten uns aber im Klaren darüber sein, dass die Summe der Bemühungen vieler Menschen, die bereit sind, Liebe und Freundlichkeit anstelle von Angst und Hass zu verbreiten, diese Wende herbeiführen kann.

Ich erinnere mich an das Beispiel von der Maus und dem Käseberg. Sieht sich die Maus der ungeheuren Aufgabe gegenübergestellt, einen ganzen Berg ihres Lieblingsessens aufzufressen, ist sie überfordert und gibt auf, noch ehe sie begonnen hat. Frisst sie aber ein Stückchen nach dem anderen, wird sie den Berg letztendlich auffressen können.

Ähnlich verhält es sich auf der Welt. Jeder kann seinen eigenen kleinen Beitrag leisten und Liebe, die von Herzen kommt, den Menschen schenken, denen wir begegnen. Wird das zur täglichen Routine, muss sich die Welt verändern.

Wenn wir uns gemeinsam anstrengen, tragen wir auf diese Weise zu einer positiven, universellen Gedankenform bei, die sich aus Liebe, Freundlichkeit, Mitgefühl und Fürsorge zusammensetzt. Sie wird der unermesslich großen kollektiven Gedankenform entgegenwirken, die sich aus Hass, Gewalt, Bosheit und Niedertracht zusammensetzt und über der Welt schwebt. Da wir in unseren vielen Leben über Jahrhunderte hinweg zu dieser Negativität beigetragen haben, werden wir heute auch von ihr beeinflusst.

Baba betont immer wieder: »Co-operation, not operation.« Wobei »operation« normalerweise bedeutet, dass ein Mensch ein Projekt plant, kontrolliert und den Arbeitsvorgang überwacht, bis das Projekt fertig gestellt ist. »Co-operation« bedeutet, dass viele Menschen sich gemeinsam anstrengen, um ein bestimmtes Ziel zu erreichen.

Lasst uns gemeinsam eine Veränderung herbeiführen, unsere Herzen öffnen und uns mit der Kraft der Liebe wieder vereinen.

James Redfield

Tief in den Regenwäldern Perus ist eine Handschrift gefunden worden. Auf ihren Seiten sind neun Einsichten in das Wesen des Lebens niedergelegt, Einsichten, zu denen nach und nach jeder Mensch auf dem Weg zu einer spirituellen Kultur gelangen wird.

Das Geheimnis von Shambhala
Das dritte Buch von Celestine
352 Seiten
€ [D] 8,95/€ [A] 9,20/sFr 16,50
ISBN 3-548-74118-5

Die Vision von Celestine
Geheimnis und Hintergrund der Prophezeiungen
320 Seiten
€ [D] 8,95/€ [A] 9,20/sFr 16,50
ISBN 3-548-74120-7

Die Erkenntnisse von Celestine
Das Handbuch zur Arbeit mit den »Neun Erkenntnissen«
320 Seiten
€ [D] 9,95/€ [A] 10,30/sFr 18,00
ISBN 3-548-74116-9

Das Handbuch der zehnten Prophezeiung von Celestine
Vom alltäglichen Umgang mit der zehnten Erkenntnis
384 Seiten
E [D] 10,95/E [A] 11,30/sFr 19,80
ISBN 3-548-74117-7

Die Prophezeiungen von Celestine
Ein Abenteuer
368 Seiten
€ [D] 8,95/€ [A] 9,20
sFr 16,50
ISBN 3-548-74119-3

Ullstein Taschenbuch

Doreen Virtue

Dr. Doreen Virtue hatte schon als Kind den sechsten Sinn und kommunizierte mit »unsichtbaren Freunden«. In der von ihr entwickelten Engeltherapie verbindet sie ihre Kompetenz als Psychologin mit ihren spirituellen Fähigkeiten.

Das Heilgeheimnis der Engel
Himmlische Botschaften
für Krankheit und Not
320 Seiten
€ [D] 8,95/€ [A] 9,20/sFr 16,50
ISBN 3-548-74102-9

Engel-Gespräche
Wahre Begegnungen
256 Seiten
€ [D] 7,95/€ [A] 8,20/sFr 14,80
ISBN 3-548-74130-4

Die Heilkraft der Engel
224 Seiten
€ [D] 7,95/€ [A] 8,20/sFr 14,80
ISBN 3-548-74128-2

Die Heilkraft der Feen
256 Seiten
€ [D] 7,95/€ [A] 8,20/sFr 14,80
ISBN 3-548-74129-0

Ullstein Taschenbuch

Bestseller der Zeitenwende

Überall auf der Welt werden derzeit reife, weise Seelen geboren, die mit besonderen Aufgaben und Botschaften zu uns kommen. Wir begegnen ihnen in der seit den 90er Jahren heranwachsenden Generation von besonders begabten Kindern, die man wegen der Farbe ihrer Aura die »Indigo-Kinder« nennt.

LEE CARROLL/JAN TOBER
Indigo-Kinder erzählen
256 Seiten
€ [D] 8,95/€ [A] 9,20/sFr 16,50
ISBN 3-548-74092-8

KRYON
Das Zeiten-Ende
Neue Informationen für persönlichen Frieden
304 Seiten
€ [D] 9,95/€ [A] 10,30/sFr 18,00
ISBN 3-548-74093-6

KRYON
Denke nicht wie ein Mensch
Kryon antwortet auf grundsätzliche Fragen
352 Seiten
€ [D] 9,95/€ [A] 10,30/sFr 18,00
ISBN 3-548-74103-7

ULLSTEIN TASCHENBUCH